相思湖

史学研究丛书

相思湖史学研究丛书

# 华民护卫司署与马来亚华人族群研究（1877—1934）

朱华进◎著

广西高校人文社会科学重点研究基地——中国南方与东南亚民族研究中心经费资助
中央支持地方高校改革发展资金——高水平本科教育改革经费『广西一流本科专业——广西民族大学历史学』资助
广西一流学科——民族学学科建设经费资助

广西人民出版社

**图书在版编目（CIP）数据**

华民护卫司署与马来亚华人族群研究：1877—1934 / 朱华进著. -- 南宁：广西人民出版社，2025. 1. --（相思湖史学研究丛书）. -- ISBN 978-7-219-11853-5

Ⅰ. D634.333.8

中国国家版本馆 CIP 数据核字第 202455TJ23 号

---

HUAMIN HUWEISISHU YU MALAIYA HUAREN ZUQUN YANJIU（1877—1934）

华民护卫司署与马来亚华人族群研究（1877—1934）

朱华进　著

---

责任编辑　廖　献
项目助理　陆姿烨
责任校对　文　慧
封面设计　牛广华
版式设计　李彦媛

出版发行　广西人民出版社
社　　址　广西南宁市桂春路 6 号
邮　　编　530021
印　　刷　广西民族印刷包装集团有限公司
开　　本　889mm × 1240mm　1 / 32
印　　张　7.25
字　　数　145 千字
版　　次　2025 年 1 月　第 1 版
印　　次　2025 年 1 月　第 1 次印刷
书　　号　ISBN 978-7-219-11853-5
定　　价　78.00 元

# 目录

CONTENTS

# 前　言

东南亚自第二次鸦片战争后便成为华人大规模移民的主要目的地，马来亚（包括现在的马来西亚和新加坡）更是最主要的目的地之一。英国在殖民早期为开发当地经济，鼓励中国人移民至此，以补充劳动力的不足。蜂拥而至的华人群体成为开发马来亚的主力。1870年，马来亚仅有10多万华人，1911年为91万，到1931年达到171万，占马来亚人口的39%[①]。在19世纪50年代还是人口稀少、"充满了原始森林地带"的马来半岛，自19世纪七八十年代起获得迅速发展。正如马来亚总督弗兰克·瑞天咸在其著作《英属马来亚：英国在马来亚影响的起源与发展》中评价："是中国人的精神和事业心成就了今天的马来亚。"

华人移民迅速成为马来亚第二大族群，英国

① Victor Purcell, *Chinese in Southeast Asia* (London: Oxford University Press, 1965), p.382.

殖民统治者通过间接统治的制度，包括族群隔离、以华治华等方式，实现了以最小代价创造稳定社会环境的目的。这也意味着英国殖民政府默许华人社会拥有更多的自我治理空间。华人移民在保留部分原有传统习俗、方言、地缘观念和宗亲观念等的同时，还需适应新建构的华人自我治理模式，其典型模式即为华人甲必丹制度。“华人甲必丹是殖民政府的下级官吏，主要职务为传达命令、维持社会秩序、征收税务、解决华人内部民事纠纷等，在司法和民事问题方面拥有一定权力，包括有权处理一些刑罚较轻的案件。”[①]马来亚华人在社会新秩序的构建进程中，内部混乱与冲突问题一度十分突出。随着马来亚在英帝国殖民版图中占据越发重要的地位，英帝国对马来亚的统治从间接统治逐渐转向直接统治，于是摒弃华人甲必丹制度，加强对华人族群的治理成为应有之举，而1874年《邦咯条约》的签订是重要的第一步。但当时英国殖民统治者对一个习俗、传统、语言等全然陌生的迁入族群缺乏管理经验，因此，以试点形式设置专门管理华人的机构成为一种选择。1877年率先于新加坡设立的华民护卫司署便是关键步骤，之后马来亚诸邦陆续设置华民护卫司署，各邦的华民护卫司署各自为治、互不统属。

在马来亚设立华民护卫司署，意味着英国殖民政府对当

---

① 张晓威：《甲必丹叶观盛时代的吉隆坡客家帮权政治发展（1889—1902）》，《全球客家研究》2017年第9期。

地华人族群从间接统治转向直接统治。对华民护卫司署本身及其与华人族群互动的探究，有助于从不同视角理解这一时期英帝国对马来亚华人的治理策略及华人族群的生存实态。本书以马来亚的华民护卫司署为中心，考察这类机构的设立背景、组织结构、不同时期职能重点，以及马来亚华人族群对此机构的回应，探析华民护卫司署在马来亚华人族群形塑进程中所起的作用。

新加坡开埠后，马来亚在英国殖民版图中的战略地位迅速提升，英国殖民政府对马来亚从间接统治转向直接统治，同时在此背景下开始更多关注当地华人事务。越发庞大的华人族群在自发治理体系中出现诸多严重的社会问题，殖民统治者试图对此加以规范。究其原因主要有两个：一是华人移民过程中的诱拐、虐待等问题愈演愈烈，英国人道主义者和马来亚当地华商领袖呼吁殖民政府采取措施；二是清政府即将在新加坡设立领事馆的消息，刺激了英国和殖民地政府，他们意图在此之前设置专门管理机构，以便与清政府领事馆争夺对华人的领导权。

自新加坡于1877年设立华民护卫司署起，槟榔屿（又名槟城）、霹雳州等地也相继设立此类机构，但各地华民护卫司署在规模、职位设置等方面存在较大差异。华民护卫司署的中高级官员以英国人为主，他们通常具有“学政人员”和“中国通”的背景，但中高级官员的缺乏与频繁变动的问题一直制约着各地华民护卫司署职能的推进。在这个过程中，华人职员这一特殊群体发挥了重要作用。与此同时，华民护卫司署与总督、警察局等若干与华人族群密切关联的机构既有紧密合作，也有矛盾与冲突。

原则上，华民护卫司署负责华人事务的方方面面，但职能重点根据不同时期华人族群面临的主要社会问题的转变而动态调整。具体而言，20世纪之前，华民护卫司署的主要职责在于规范华人劳工移民、整顿华人秘密会党、保护华人妇女儿童，以及治理社会不良风气等，更多是围绕“护卫”二字展开的。到20世纪初，随着中国政治局势的变化，马来亚华人族群的民族主义活动高涨，华民护卫司署依然处置前述问题，但监督和防范华人民族主义的发展成为新职责。华民护卫司署一方面通过设置华人参事局等机构为华人领袖有限参与政治提供窗口，另一方面则把更多的精力用于限制中国共产党在马来亚的活动、防范共产主义和反帝反殖民主义，以及监督华人文化教育事业的发展等。与此同时，华民护卫司署也处理华人社会的遣送贫困、体弱、失业华人回祖籍国，灾荒救助等事宜。整体而言，20世纪之后的华民护卫司署在主要扮演着“监督者”角色的同时，也对其原有的“护卫者”职责加以拓展。

对于这一直接治理华人的新机构和其中的官员群体，马来亚华人在不同时期的反应不一。以绅商为代表的华人领导层出于提高政治地位等方面的考虑，认可并支持华民护卫司署的工作；部分华人移民劳工、妇女等弱势群体逐渐知悉华民护卫司署对他们的保护后，对华民护卫司署的态度也从怀疑转向认可；也有部分华人因其利益受到华民护卫司署的冲击，或者对华民护卫司署不熟悉乃至带有偏见，极端反抗或者消极应对……不过，华人社会对华民护卫司署的消极态度，一定程度上归咎于后者自身存在的职能范畴不明确、工作方式有争议等因素。此外，清政府驻新加坡等地的领事馆，与华民护卫司署争夺对当地华人的领导权，也影响马来亚华人族群对华民护卫司署的态度。

华民护卫司署在马来亚华人族群形塑进程中起到重要作用。首先，华民护卫司署作为在华人社会推行英国式法治的主要执行机构，对马来亚华人族群从自发治理迈向法制管理的转变起到关键作用。其次，华民护卫司署推动华人社会打破以帮派结构为核心的传统政治生态，增加帮际的互动，有助于华人族群从分散走向凝聚。不过，华民护卫司署执行对华人族群内部“分而治之”的策略，加剧了新客华人和土生华人在政治认同方面的分流，从而扩大华人族群内部的裂痕。此外，华民护卫司署的设置冲击华人原有的经济运行模式，其一方面掌握着部分生产资料与经济资源的管理、分配权限，另一方面引导华人社会上层从事商业经济活动。

马来亚华民护卫司署在英国海外殖民治理体系中占据独特地位，马来亚华人族群对英国式殖民治理的反馈于英国在马来亚的殖民统治有深远影响。正如英国学者康斯坦丝·玛丽·藤布尔所说，华民护卫司署的设置，标志着英国殖民政府先前的自由放任政策被“父权式”管理和直接接触所取代[①]。以新加坡为代表的各邦华民护卫司署成为该时期马来亚华人族群本地化发展进程中难以磨灭的记忆。深入探讨马来亚华民护卫司署的演变，辨析华民护卫司署在马来亚华人族群变迁中所起的作用，可透视该时期英国殖民政府对马来亚华人族群治理策略的发展，也有助于追溯19世纪晚期至20世纪初马来亚华人族群本地化的渊源。

对华民护卫司署及其与华人族群关系的研究，国外学者以新加坡、槟榔屿的华民护卫司署为中心展开了多方面的探讨，同时也涉及其他华民护卫司署。尤尼斯·蒂奥在《新加坡华民护卫司署：1823—1877年间导致其设立的事件与条件》一文中梳理了自1823年至新加坡设立华民护卫司署之前，当地华人社会发生的一系列重要社会事件，指出这些事件是英国殖民政府设立华民护卫司署管控华人族群的重要缘由。该文为本书探讨整个马来亚设置华民护卫司署的历史背景提供了借鉴。吴兆勇（音译）在《新加坡华民护卫司署·1877—1900》一文中简要分析首任新加坡华民护卫司毕麒麟任职期间在应对华人移民、华人秘密会党等方面的努力，其中还涉及该机构的人员构成等内容。朱季生（音译）的《新加坡华民护卫司署·1900—1941》在时间上衔接了吴兆勇对新加坡

① 康斯坦丝·玛丽·藤布尔：《新加坡史》，欧阳敏译，东方出版中心，2013，第119页。

华民护卫司署的探讨，依然从华人秘密会党、华人移民和劳工等方面论述了新加坡华民护卫司署1900—1941年的职能运行状态，同时指出新加坡华民护卫司署政治属性不断增强的特点。上述两篇论文是对新加坡华民护卫司署自成立至20世纪40年代职能运行的情况进行了基本探讨。《英国对海峡殖民地华人的政策：保护与控制（1877—1900）》基于大量官方档案资料，梳理了新加坡华民护卫司署的艰难创立过程，对槟榔屿华民护卫司署也有所涉及。曾担任华民护卫司署译员的新加坡华人郑惠明，写有《华民政务司署史略》一文，简要勾勒了新加坡华民护卫司署的早期运行状态和发展变化。罗伯特·尼古拉斯·杰克逊的著作《毕麒麟：华民护卫司》则重点介绍新加坡华民护卫司署的成立，以及毕麒麟作为首任华民护卫司在任期间在探索这一机构职能等方面的努力。毕麒麟的个人境遇从一定程度上反映了新加坡华民护卫司署创立和初期运行的状况。英国学者康斯坦丝·玛丽·藤布尔所著的《新加坡史》在第三章对毕麒麟有所论述，认为其作为首任华民护卫司，树立了一种新的治理范式。之后的新加坡华民护卫司遵循这种范式，维持新加坡的社会秩序。《战前星华社会结构与领导层初探》初步梳理了新加坡1900—1941年历任华民护卫司（华民政务司）的简历和在任期间的重要事迹。马来西亚华人谢诗坚在其编著的《槟城华人两百年》中，认为华民护卫司署表面上为专门应对华人秘密会党，实则为监管全体华人的“特务机构”，其目标是取缔“政府中的政府”的华人组织，使该机构成为“华人的政府”，并在书中大幅引用其他学者对华民护卫司署的评价。马来西亚学者陈剑虹所著的《走近义兴公司》记述了华民护卫司署如何处理槟榔屿最大的会党组织——义兴公司，以及采取了哪些途径和方式导致其解散，指出其代表了殖民政府“软硬兼施”的态度。《雪兰莪华民护卫司署：1896—1906》对雪兰莪州华民护卫司署的早期活动进行简要探讨。

整体而言，国外学者对马来亚华民护卫司署这一机构的直接性研究主要集中在两个方面：一是对新加坡华民护卫司署的创设、职掌范围演变、运行及其成效进行梳理和评述。二是以新加坡首任华民护卫司毕麒麟的任职经历为切入点，探讨新加坡华民护卫司署在成立初期的诸项开创性职责和成效。仅有少数研究涉及新加坡之外的华民护卫司署。三是对华民护卫司署与华人秘密会党关系的研究。秘密会党问题是马来亚华人社会自形成以来不可避免的话题，也是设立华民护卫司署的重要初衷。国外对马来亚华人秘密会党的研究成果可谓汗牛充栋，其中经典作品包括：曾担任华民护卫司的维多·巴素所著的《马来亚华侨史》《东南亚华人》；曾担任马来亚联合邦华民护卫司的威尔弗雷德·布莱斯所著的《马来亚华人秘密会党史》；梁康柏所著的《马来亚华人秘密会党：对三合会从1800年到1900年的调查》《马来亚华人秘密会党的介绍》等。这些作品均涉及华民护卫司署与华人秘密会党的关系，并且这些作者大多凭借担任华民护卫司署官员的优势，不仅掌握诸多珍贵的一手资料，还可直面华人秘密会党等事宜，往往具有重要参考价值。曾担任槟榔屿殖民地注册官的沃罕在其著作《英属海峡殖民地华人的风俗习惯》中探讨了英属海峡殖民地华人秘密会党的性质，并提出对其加强管理和控制的若干建议。此外，不少马来西亚和新加坡的学者对华人秘密会党也有深入研究，如麦留芳对华人秘密社会、华人社会组织有深入研究，其作品《星马华人私会党的研究》《秘密会党社会学：新加坡和马来西亚半岛华人研究》等，探讨马来亚华人秘密会党的兴起与发展，也涉及华民护卫司署的活动。四是其他方面的研究。马来西亚华人学者许仁强、邱吉寿合著的《槟榔屿保良局：华人妇女、妓女和福利组织》，分析自槟榔屿1888年设立保良局后，华民护卫司与华人社会名流在庇护被拐卖华人妇女和少女上的合作问题。《法令阴影下的性：新加坡的卖淫和人口贩卖管理》论述新加坡华民护卫司毕麒麟如何处理涉及贩卖华人妇女、华人妇女卖淫等问题。布莱司、王陆所写的《马来亚华侨劳工简史》，涉及华民护卫司署及其他英国殖民政府部门在矿山、农业方面对中国劳工的招募和雇佣制度发展变化过程中所起的作用。值得注意的是，这些作者在著作中阐述了华民护卫司署就某些具体问题与其他政府部门的争论，试图说明华民护卫司署对中国劳工利益的竭力维护。《马来亚华人劳工的历史概述》主要探讨英国殖民政府处理华人劳工的问题，涉及华民护卫司署执行政府劳工立法的情况，其中列举诸多华民护卫司署提交的报告资料。新加坡历史学者柯木林、林孝胜合著的《新华历史与人物研究》涉及20世纪30年代前后华民护卫司署抑制新加坡华人社会抗日热潮的举措。《护卫司与三合会：一个简要调查》初步分析新加坡保良局这个华民护卫司署的附属机构。《陈嘉庚与南洋华人论文集》则记述了新加坡1931年华中学潮时华民护卫司署的监督措施。崔贵强、古鸿廷编的《东南亚华人问题之研究》涉及华民护卫司署与陈嘉庚围绕“山东筹款会”募捐运动的纠葛。

综上，国外学者对华民护卫司署与华人族群关系这一主题的研究，分析重点呈多元化，资料来源较为丰富。虽然重点为新加坡的华民护卫司署，但是对槟榔屿、雪兰莪等州的华民护卫司署亦有关注。不过，在以下方面仍可深入研究：一是华民护卫司署与英国殖民政府其他部门的关系与互动；二是各州华民护卫司署在职能、治理华人族群的措施与成效等方面的比较，以及各州华民护卫司署之间的联动；三是华人社会对华民护卫司署的回应。

国内学术界则较多集中于对新加坡华民护卫司署及其首任华民护卫司毕麒麟的分析。李佩莹在《海峡殖民地的华民护卫司》中着重探讨海峡殖民地（新加坡、槟榔屿、马六甲）华民护卫司一职设立的主要原因，并简略论述首任华民护卫司毕麒麟在任期间的主要贡献，但未能涉及19世纪90年代之后华民护卫司署事宜，也未包括海峡殖民地之外的其他各邦的华民护卫司署。郭峰的《19世纪新加坡治安研究》在第三章简要探讨新加坡华民护卫司署的设立原因，即殖民政府为消除其与华人之间的尖锐隔阂与矛盾而设置，认为华民护卫司署对维护新加坡的社会治安具有重要作用与象征意义。林远辉、张应龙的《新加坡马来西亚华侨史》分析海峡殖民地特别是新加坡华民护卫司署的设立背景，以及20世纪之前华民护卫司在华侨劳工、华人秘密会党等引发的社会问题上采取的若干措施。但更多地强调华民护卫司署作为殖民政府统治工具的性质，趋于否定其对马来亚华人社会的正面作用。吴佩珊在其硕士论文《英殖民政府对吉隆坡华人事务管理——从自治至法治的转变（1868—1914）》中，阐述吉隆坡华民护卫司署的设置及其若干治理措施，突出其在英国殖民政府对华人族群从间接治理到直接治理的转变进程中扮演的角色。此外，李勇的《新加坡“福建人”研究（1819—1942）》、吴靖的《海峡华人的政治参与与多重身份认同：陈若锦个案研究（1887—1917）》等亦涉及华民护卫司署及其他海峡殖民地参政议政机构，为华人参政和以合法途径维护华人利益提供了可能。蔡鸿生的《蔡鸿生史学文编》在考究中国官方史料和个人游记的基础上，认为在管理贸易的问题上，华民护卫司署的职能并非保护华人，而是充当英国殖民主义者的“白手套”。也有部分学者研究探讨华民护卫司署与华人秘密会党的关系，如《华民护卫司与三合会——近代中国秘密社会外播与活动纪实》以华民护卫司署早期的年报为中心，简要分析新加坡和槟榔屿地区的华民护卫司署打压三合会的行动。汪鲸在《适彼叻土：历史人类学视野下的新加坡华人族群》一书中认为，新加坡华民护卫司署对华人秘密会党的镇压与清理，未能从根本上清除华人秘密结社的问题，反而壮大了华人秘密会党；此外，该书对新加坡华民护卫司在治理娼妓、维护治安等方面的工作亦有所记述。宋海群的《19世纪新加坡华人秘密会党研究》论及新加坡华民护卫司在早期协助英国殖民政府处理华人秘密会党法律身份转变的措施。胡亚丽的博士论文《海峡殖民地法制与华人社会（1867—1941）》从法制的角度考察英国海峡殖民地法制与华人社会之间的关系，较多地论述了华民护卫司署作为法律秩序构建进程的重要参与者，如何与当地华人社会互动的事宜。又如邱格屏的《世外无桃源：东南亚华人秘密会党》、蔡少卿的《中国近代会党史研究》等，均对马来亚殖民政府处理华人秘密会党问题等有一定着墨。综上可知，华人秘密会党问题向来是海外华人研究的重点，而马来亚秘密会党的演变绕不开华民护卫司署这一机构，故对华人秘密会党与华民护卫司署关系的相关研究成果较为丰硕。现有研究更多集中于探讨新加坡华民护卫司署对一些具体华人秘密会党的处理措施，以及治理的得失分析。还有部分学者对华民护卫司署抑制马来亚华人民族主义活动方面进行探究。

马来亚华人民族主义情绪与活动的发展，与中国政治局势演变息息相关。自辛亥革命以来，中国革命的形势变化在海外引起强烈反响，马来亚华人社会也不例外。抑制管辖范围内的华人民族主义活动，成为各地华民护卫司署自20世纪初开始的重点职责。吕双的硕士论文《在国家与帮权之间：社会政治空间下怡和轩俱乐部的功能转型》论及了新加坡华人的跨帮性团体——怡和轩俱乐部，在20世纪20年代末至30年代初一系列带有强烈民族主义色彩的活动中，遭遇来自以华民护卫司署为代表的英国殖民政府的种种阻挠和限制，迫使怡和轩俱乐部改变其活动策略。钟兆云、易向农所著的《父子侨领：庄希泉、庄炎林百年传奇》，把华民护卫司署官员认定为英国殖民地政府20世纪20年代镇压华人民族教育运动的帮凶，此外也记载了华民护卫司署的若干慈善举措，反映了作者对华民护卫司署这一机构的复杂心态。其他方面的研究有：客家学专家李逢蕊在《李逢蕊集》中，记载了20世纪30年代新加坡华民护卫司署联合华人商会组织救济失业侨工、遣返老病华侨等公益事宜。范若兰在《性别与移民社会：新马华人妇女研究（1929—1941）》一书中，描述了扮演解决家庭婚姻纠纷机构角色的华民护卫司署，指出华民护卫司署在处理华人婚姻家庭问题时，以调解方式为主，但因其解决方式主要依据殖民地法律和中国封建传统，有时会损害妇女权益。肖丹的硕士论文《晚清香港保良局和新加坡保良局研究——以妇孺救助为基础》比较分析中国香港和新加坡两地各自设立的保良局在机构组织、经费来源、运行与成就方面的异同，并探讨了两个机构之间互动的情况。该文章指出作为新加坡华民护卫司署的附属机构，新加坡保良局与政府密切联系和合作，成为半官方组织与官方合作关系的一个典范。

综上，国内对马来亚华民护卫司署与华人族群关系的研究，主要集中于两个方面：一是从华民护卫司署的设立、早期职能等方面分析其性质；二是梳理其在治理华人秘密会党、劳工移民、抑制华人民族主义等方面的措施与成效。由于国内对华民护卫司署的研究更多是基于马来亚华人族群被其治理的立场，难免有失全面与客观。

新加坡是世界上华人比例极高的国家，马来西亚华人所占马来西亚人口比重亦较大。探讨1877—1934年华民护卫司署与马来亚华人族群的关系，一方面有助于从根源上理解和把握当前马来西亚和新加坡华人族群的民族认同与社群融合等论题，另一方面也为打造更高水平的中国—东盟战略伙伴关系，构建更为紧密的命运共同体提供历史借鉴。

为保障阅读的顺畅和理解的准确性，作者需对本书时空范围及若干概念加以界定。首先，对时间范围的限定。本书将研究时间范围限定于1877—1934年。以1877年为起点，是因为该年新加坡设立了第一个华民护卫司署，随后马来亚其他诸州陆续设置华民护卫司署。以1934年为终点，基于两方面考虑：一方面是马来亚出于裁减行政经费开支、统一各地华民护卫司署的工作等因素考虑，各州华民护卫司署在1934年合并为马来亚华民政务司署，最高长官为华民政务司，管理整个马来亚华人族群的事务，直接向海峡殖民地总督和马来亚最高专员负责，各地华民护卫司署结束了互不统属、各自为治的局面，迈入新阶段；另一方面是自20世纪30年代起，马来亚华人族群社会的秩序趋于稳定，华民护卫司署的职责范围经过长期摸索亦相对固定，便不再纳入本书探讨范畴。

其次，对地域范围的限定。本书以马来亚（包括现在的马来西亚和新加坡）的华民护卫司署为研究主体，特别是新加坡和槟榔屿是早期华人较为活跃的地方，也是最早设置华民护卫司署的两个邦，因此新加坡与槟榔屿为本书研究的重点。此外，也涉及雪兰莪、彭亨等州。

最后，对若干重要概念的界定。

一是马来亚，即英属马来亚，包括1826年成立的海峡殖民地、1896年成立的马来联邦（雪兰莪、森美兰、霹雳和彭亨）和5个马来属邦（吉打、吉兰丹、登嘉楼、玻璃市和柔佛）。

二是华人族群。在《辞海》中，华人，有两个解释：一是中国人的统称，二是取得所在国国籍而有中国血统的外国公民称“外籍华人”；华侨，指定居在国外的中国公民。相对而言，“族群”作为一个社会人类学概念，其定义尚存在较大的争议性。德国著名社会学家马克斯·韦伯最早提出族群的概念，即某种族群由于体质类型、文化的相似，或者由于迁徙中的共同记忆，而对他们共同的世系抱有一种主观的信念，这种信念对于非亲属社区关系的延续相当重要，这个群体就被称为族群[1]。日本学者认为，族群是由于具有实际或虚构的共同祖先，因而自认为是同族并被他人认为是同族的一帮人[2]。挪威学者弗里德克·巴斯指出，族群具有以下特征：生物学上极强的自我延续性；共享基本文化价值，实现文化形式公开统一；组成交流和互动的领域；具有自我认同和被他人认可的成员资格，以形成一种与其他有同一阶层的不同类型[3]。对于华人族群，庄国土教授的定义具有代表性，即由保持华人意识的中国移民及其后裔组成的稳定的群体，是当地族群之一，构成当地国家民族（非中华民族）的组成部分[4]。本书采用的是庄国土教授对“华人族群”概念的界定。

三是华民护卫司署。华民护卫司署也被译为华民保护司、华民事务官、华侨顾问官、华民政务司公署制等，亦有部分中文作品将之简称为华民护卫司，如此一来难以把“华民护卫司署”这一机构同作为官职的华民护卫司本身区别开来。因此，本书把华民护卫司署界定为机构，华民护卫司界定为官职。此外，新加坡华民护卫司署率先于1904年改称为华民政务司署。为便于理解的统一性和连贯性，本书仍将1904—

---

① Max Weber，*The Ethnic Group*（The Free Press，1961），p.306.

② 转引自M.G.史密斯：《美国的民族集团和民族性——哈佛的观点》，何宁译，《民族译丛》1987年第6期。

③ 弗里德里克·巴斯：《族群与边界》，载徐杰舜主编《族群与族群文化》，黑龙江人民出版社，2006，第41-70页。

④ 庄国土：《略论东南亚华族的族群认同及其发展趋势》，《厦门大学学报（哲学社会科学版）》2002年第2期。

1933年的新加坡华民政务司署称为新加坡华民护卫司署。

本书不回避对早期马来亚华人族群中的一些负面问题进行探讨，不否认华民护卫司署对马来亚华人族群产生的若干正面作用，亦不美化华民护卫司署代表英国殖民政府实施殖民统治，以及利用、剥削华人族群的本质。同时从马来亚华人族群的社会结构、英国灵活的殖民政策等方面，对华民护卫司署在华人族群本土化过程中所起正面和负面作用的原因进行阐述。对华民护卫司署与马来亚华人族群关系进行研究，有助于分析马来亚华人族群早期本地化进程中的外部因素。

第一章

# 华民护卫司署的设立背景

马来亚设置华民护卫司署的基本前提是英国对马来亚从间接治理转向直接治理，同时还有若干内外因素使然。内在因素包括采用自发治理模式难以管理日益庞大的华人族群，愈发严重的华人社会问题影响殖民者的利益。而消解其他列强对马来亚的野心、回应英国人道主义者与马来亚部分华人的呼吁、削弱清朝政府在新加坡设置领事馆的影响，是英国与殖民地考虑设置华民护卫司署的外在推力。

## 第一节　英国从间接统治转向直接统治

马来亚设置华民护卫司署的基本前提是英国对马来亚从间接治理转向直接治理。林远辉和张应龙指出："华民护卫司署的建立，完全是英国向马来亚侵略、扩张的产物，是英国在海峡殖民地的殖民统治发展的必然结果。”[①]1869年苏伊士运河开通后，新加坡和马六甲海峡的商业价值迅速提升［如从伦敦到新加坡的距离从1.2万英里（约1.9万公里）缩短至0.8万英里（约1.3万公里），格拉斯哥到新加坡最短航行时间从1867年的116天缩减至1870年的42天[②]］，新加坡的经济发展迈入快车道。其贸易额从1868年5800万英镑增长至1873年9000万英镑[③]。19世纪70年代，海峡殖民地成为英国在远东最重要的航运兼商业中心，其商业价值的迅速提升引起英国对新马战略价值的重视。在此之前，英国政府仅是将其视为联系中国贸易的重要通道，因此在马来亚地区的政策主要与确保对中国海路通道的控制以及向东扩展至印度直接相关[④]。

英国商人团体亦推动英国政府更深程度地介入马来亚事务，维护当地秩序。马来亚的欧洲商人越发担忧当地社会无政府状态下的混乱，特别是霹雳与雪兰莪帮派之间的争斗影响其经济利益。长期以来，东南亚的被殖民地区“实际上是一个正极力以其不充分的技能、不完备的人手控制其殖民地

---

① 林远辉、张应龙：《新加坡马来西亚华侨史》，广东高等教育出版社，2016，第210-220页。

② Mohamed Amin，*Malaya：The Making of a Neo-Colony*（Nottingham：Spokesman Books，1997），p.17.

③ Turnbull C M，*A history of Singapore，1819—1988*（London：Oxford University Press，1989），p.83.

④ C. D. Cowan，*Nineteenth-Century Malaya：The Origins of British Political Control*（London：Oxford University Press，1961），p.144.

的虚弱政权”[①]，马来亚也不例外。海峡殖民地改由英国殖民部管辖后，在马来亚有密切利益的英国商人组成游说集团，如在伦敦成立“海峡殖民地协会”，对英国殖民政府在马来亚的政策施加作用，“改隶后英国商人代表能作为非官方成员进入殖民地独立的立法会议，直接参与政府决策。他们在马来亚大都有巨大的经济利益，其扩张态度对殖民地政府的决策产生直接影响”[②]。雪兰莪锡矿公司便是典型，其经营者包括在海峡殖民地颇具影响的商人，核心诉求是在雪兰莪的投资安全，对英国殖民政府马来亚的政策产生的影响不容小觑。特别是该公司在伦敦的代理人西摩克拉克提交报告至英国殖民部，推动官方直接介入当地事务，“是促使金伯莱下定决心（从不干涉到干涉）的第二大因素”[③]。

对殖民地治理理念的转变也为英国直接介入马来亚事务、整顿管理华人社会秩序提供理论支撑。其中，埃德蒙·伯克的自由帝国思想、“殖民地托管理论”最具代表性。保障欧洲与印度、中国海上交通线的安全在这些理论下更受重视。垄断资本主义时期，英国商业霸权遭遇挑战，英国资产阶级政治家也开始主张更多地介入殖民地事务。如本杰明·迪斯雷

---

① 孔飞力：《他者中的华人：中国近现代移民史》，李明欢译，江苏人民出版社，2016，第52页。

② 徐均尧：《英国人入侵马来亚的历史背景》，《世界历史》1985年第2期。

③ W. David Mcintyre, *The Imperial Frontier in the Tropics, 1865—1875: A Study of British Colonial Policy in West Africa, Malaya and the South Pacific in the Age of Gladstone and Disraeli*（London: Palgrave Macmillan, 1967）, p.201.

利在1868年一改以往视殖民地为累赘的观点，声称英国只是一个海上帝国的首府……它之所以干涉亚洲，是因为它与其说是一个欧洲国家还不如说是一个亚洲国家。与此同时，19世纪70年代，英国执政党自由党对海外殖民地的认知有所转变，不再将之视为价值不大的海外财产而对之承担较少义务，开始更为重视海外领地，主张在帝国主义竞争加剧背景下强化对海外殖民地的干涉。

1867年，海峡殖民地转为皇家直辖殖民地，直接受英国殖民部大臣管辖，其政治自主性极大增强，可谓海峡殖民地的一次深刻蜕变。1874年签订的《邦咯条约》意味着英国对马来亚各土邦直接治理的开始。各州设置的参政官制度便是其典型体现，而参政官的职务并无明确界定。从英国殖民部的指示来看，其职责主要是维持秩序和监管征税，保障英国殖民的经济利益：向统治者提供有影响力和负责任的劝告……非必要时，参政司不可过多干涉行政细节。其主要目标是维护法律与和平，设置健康的税务系统，配合政府对当地资源开发；监督政府收入，确保政府有充足资金推进主要行政工作，支付聘请政府官员费用，以及建设需要[①]。

主攻马来亚政治史的学者艾米丽·萨德卡认为，马来亚殖民地参政司的权责范围包括保护英国与外国商人、作为当

---

① Frank Swettenham, *British Malaya*: *An Account of the Origin and Progress of British Influence in Malaya* (London: John Lane, 1948), pp. 216–217.

地与外界沟通的中介、增强政府组织和政策对地方的支配[①]。在此制度下，殖民地政府未能将其领导权全方位渗透至华人族群，华人族群便以甲必丹为权力中心、华人秘密会党为非正式执行机构的形式自治。虽然甲必丹在程序上也为英国官方委任（通常而言，甲必丹的产生程序是由马来王侯直接推选或者由华人各方言族群提名，殖民政府作最后决定，由苏丹恩准委任），但由于未获得政府层面充分的财力和人力支持，甲必丹的组织活动实际上独立于殖民政府。1867年，海峡殖民地政府被授权可依据殖民地需要颁布条规，为治理殖民地事务提供了更多自主性。

转向直接统治策略，意味着以往华人自治模式不仅成为殖民地政府推行西方“法治精神”的主要阻力，还是妨碍欧洲人更大程度地分享殖民地经济利益的根源。原因之一在于华人秘密会党垄断了华人劳工的输入和分配，导致殖民地政府无法直接参与对华人劳动力的全盘控制，不利于其掌控殖民地经济的主动权。因此，从根本而言，英国政府对马来亚华人族群转向直接治理并非旨在控制华人群体，而是更多地让其服务于殖民地的经济建设。1872年，一位英国官员致信立法委员会，抨击马来亚华人秘密会党的无法无天以及殖民地政府的无能，并指出除了华人的帮助之外，欧洲企业在此

---

① Emily Sadka, *The Protected Malay States, 1874—1895* (Kuala Lumpur: University of Malaya Press, 1970), p.49.

几乎一无所有[1]，道出了华人族群对殖民地和英帝国经济发展的重要性。强化对马来亚华人的治理，成为英国殖民政府巩固殖民统治的重要组成部分，包括1856年海峡殖民地政府颁布《警察法令》《管理法令》，旨在把华人社会生活的诸多方面纳入控制。但其一方面缺乏执行机制与相应的执行官员，另一方面面临华人社会的广泛抗议，导致殖民地政府直接治理华人族群的尝试未能奏效。1874年，克拉克总督在部分华人领袖与欧洲商人的支持下，颁布《管理旅客条例》，尝试对运输过程中的虐待等加以干预[2]。

## 第二节　19世纪70年代中叶前马来亚的华人族群与社会治理问题

18世纪下半叶至19世纪70年代，在马来亚这片逐步被英国人占领的土地上，为求生计不断涌入的华人很快成为第一大族群，为马来亚建设作出巨大贡献，但也在英国间接统治策略、华人秘密会党横行等内外因素的作用下，出现诸多社会问题，并愈演愈烈。随着1867年英国对马来亚从间接统治

---

① 转引自 Johnna Noel Lash，“*British Perceptions and Interventions*：*British Malaya and the Rise of Chinese Influence*”（Washington State University Masters of Arts Thesis，2011），p.77.

② Turnbull C M，*A history of Singapore*，*1819—1988*（London：Oxford University Press，1989），p.84.

转向直接统治，整顿华人族群的社会秩序被纳入议程。新加坡邮政骚动及因此形成的调查委员会报告，推动了殖民地政府设置专门处理华人事务的职能部门——华民护卫司署，直接管理华人事务。

## 一、19世纪70年代中叶之前马来亚的华人族群

中国与马来半岛自唐代以来便建立起密切的贸易关系，诸多华侨活跃于马来半岛从事商业等活动。英国自1786年占领槟榔屿以来，特别是1819年新加坡开埠后，鼓励华人前来开发马来亚。随着中国与西方列强不平等外交关系的强化，大量中国人向外移民。因而19世纪也被认为是中国的“大移民时代”。东南亚便是华人移民的主要目的地之一。背井离乡的华人成为开发殖民地的主力。移民定居于马来亚的华人，以方言、籍贯和职业等认同为要素，发展成为马来亚第一大族群。19世纪70年代之前，马来亚华人族群的形成与发展，可以划分为三大阶段。

一是1823年新加坡被宣布成为永久自由贸易港之前，马来亚地区虽然吸引了一些华人的流入，但规模有限。1819年莱弗士登陆新加坡时在信中提及，这个渔村仅有150名居民，其中30位是华人（不过这一数据为诸多学者所质疑）。马六甲华人数量相对较多，1812年有1006位华人，占总人口的5.1%；槟榔屿华人数量最多，1812年华人数量为7291人、占

总人口的31.3%，1820年则为8270人、占总人口的28.6%[1]。在自由贸易港政策和巨大商机吸引下，大量华人移民前往新加坡。1822年，莱弗士在新加坡设立警察队、法庭以及制定法律，新加坡治安稍有改善。1821年、1823年新加坡华人分别为1159人和3317人，占总人口比重分别为24.5%和31%[2]。而雪兰莪、霹雳等后来的马来联邦诸州此时的华人数量较少。

二是从1823年新加坡被宣布成为永久自由贸易港至1860年《中英北京条约》规定华工出海合法化，华人大规模涌入马来亚。根据调查，1824年新加坡人口总数为10683人，其中华人占31%[3]。1836年，新加坡华人数量达到13749人，第一次超过马来人的12487人，成为该地最主要族群。相对而言，马六甲华人占总人口的比重较小，如1842年华人为6882人，占比14.9%；1860年华人为10039人，占比依然为14.9%[4]。不过在第一次鸦片战争爆发前，华人移民规模有限。第一次鸦片战争结束后，1842年《南京条约》的签订导致中国门户开放；与此同时，国际上奴隶贸易的废除导致欧美国家在殖民统治进程中面临劳动力短缺问题，这些为中国苦力

① Victor Purcell, *The Chinese in Malaya* (London: Oxford University Press, 1967), IntroductionX.

② Victor Purcell, *The Chinese in Malaya* (London: Oxford University Press, 1967), IntroductionXI.

③ Song Ong Siang, *One hundred Year's History of the Chinese in Singapore* (Singapore: University of Malaya Press, 1967), p.22.

④ Victor Purcell, *The Chinese in Malaya* (London: Oxford University Press, 1967), IntroductionX.

贸易的兴起创造了条件。“从移民贸易到苦力贸易的转变，发生在19世纪40年代后期。到19世纪50年代，苦力贸易完全确立起来了。”[①]苦力贸易背景下华人移民为殖民地开发创造了极大的经济效益。英国外交大臣在1860年7月的信件中称：“关于中国苦力的劳动效率是无须多说的。那已经为一切有过使用他们经验的人们所公认”；必须“推动中国移民出洋”，满足“劳动力的需求”[②]。再如，槟榔屿1860年华人数量为3.6万人以上，使得“槟榔屿已经变成华人的城市”[③]。

三是从19世纪60—70年代大量华人涌入马来亚。1865年，中英签订《中国契约劳工出洋办法》正式规范华人劳工出国的行为，移民合法化掀起了中国劳工出国的狂潮。1824年、1830年、1840年、1849年、1860年、1871年，新加坡华人人口数量如表1所示：

**表1　6年新加坡华人人口统计**

| 时间 | 华人（人） | 总人口（人） | 华人所占比例（%） |
| --- | --- | --- | --- |
| 1824年 | 3317 | 10683 | 31.0 |
| 1830年 | 6555 | 16634 | 39.4 |
| 1840年 | 17179 | 33969 | 50.6 |

① 颜清湟：《新马华人社会史》，粟明鲜等译，中国华侨出版公司，1991，第6页。

② 陈翰笙主编《华工出国史料汇编·第二辑·英国议会文件选译》，中华书局，1980，第363-365页。

③ 林远辉、张应龙：《新加坡马来西亚华侨史》，广东高等教育出版社，1991，第237页。

续表

| 时间 | 华人（人） | 总人口（人） | 华人所占比例（%） |
| --- | --- | --- | --- |
| 1849年 | 27988 | 52891 | 52.9 |
| 1860年 | 50043 | 81734 | 61.2 |
| 1871年 | 54572 | 97111 | 56.2 |

资料来源：Eunice Thio, "The Singapore Chinese Protectorate: Events and Conditions Leading to Its Establishment, 1823—1877," *Journal of the South Seas Society*, Vol.16 (1960): 79。

槟城华人移民因基数较大，增长相对缓慢。1860年和1871年华人人口均为3.6万人，分别占槟城总人数的29.0%、27.4%。霹雳华人在1879年达到20737人，占总人数的25.6%；雪兰莪华人在1884年达到28236人，占总人数的60.6%；森美兰华人在1891年为15391人，占总人数的23.6%[①]。华人秘密会党在此过程中亦发展迅速。据估计，到1876年，海峡殖民地及各个土邦的华人有60%为华人秘密会党成员，剩余的也基本受到华人秘密会党影响[②]。为预防新到华人移民携带传染病，殖民地政府在新加坡附近的圣约翰岛（早期被称为棋樟山）设置防疫所，检查移民携带传染病的情况，因防疫所环境恶劣、处理方式粗暴，所以防疫所在华人社会中声名狼藉，以至于华人感慨"生不到棋樟山，死不到地狱"。

① 林远辉、张应龙：《新加坡马来西亚华侨史》，广东高等教育出版社，1991，第237页。

② Lee Poh Ping, *Chinese Society in Nineteenth Century Singapore* (London: Oxford University Press. 1978), p.48.

## 二、马来亚华人族群内部的主要社会问题

东印度公司自1813年被取缔对印度的贸易垄断权、1833年被取缔对中国的贸易垄断权后，其财政陷入困境，将海峡殖民地视为经济掠夺区，不愿承担过重财政负担，导致海峡殖民地缺乏有效的政治和军事治理能力。东印度公司在1830年调整海峡殖民地的行政层级，将其从省级降至府级，隶属孟加拉省。英国式法治无法在此落地生根，“直到19世纪60年代，海峡殖民地并未制定真正切合本地殖民统治实际需要的法律措施，很多涉及华侨与马来亚人自己的事情还是各自按照他们本身的风俗习惯进行处理”[①]。在缺乏有效官方治理的情况下，自发治理模式愈发难以应对马来亚华人移民数量不断壮大的新形势，华人社会内部面临诸多社会问题。其中，华人秘密会党问题与移民问题被殖民地政府视为矛盾的焦点，此外，嫖娼、赌博、吸食鸦片等也是社会顽疾。这些问题相互交织，威胁殖民地统治秩序的稳定，不符合英帝国直接治理马来亚的策略。而官方长期不积极处理华人社会秩序混乱问题的原因之一是这些问题通常只涉及华人族群自身，没有对当地欧洲人造成较大影响。随着欧洲人在马来亚利益的深化和当地华人社会冲突的扩大，特别是多起大规模华人社会秩序混乱的矛头指向殖民者本身，促使英帝国和殖民地政府

---

① 林远辉、张应龙：《新加坡马来西亚华侨史》，广东高等教育出版社，1991，第208页。

必须采取行动。

（一）华人秘密会党问题

华人社会并无官方的治理机构，华人甲必丹是华民护卫司署设立之前华人社会与官方沟通的主要桥梁。在此期间，华人社会由各自的首领治理。但从移民身份构成来看，中国传统的士农工商稳定型社会结构未能在此有较好呈现。士阶层的缺失意味着，在无文人式领导者的前提下，社会失序概率大增。此外，华人甲必丹治理模式缺乏法治精神，特别是部分甲必丹与华人秘密会党联合处置犯罪或者纠纷。如吉隆坡甲必丹叶亚来经常以华人秘密会党首领身份管理华人，他不通过公开法庭审理案件，而是先经过华人秘密会党初步审理之后才由他亲自处理。叶亚来建造监狱、制定惩罚犯罪细则，对于不同性质的罪犯执行不同的处罚：初犯盗窃罪者被绑上赃物游街示众；再犯者切除耳朵；第三次则处以死刑，以利剑刺喉，未成年者戴上镣铐，直至可被审判①。甲必丹制度的缺陷使之无法持续有效控制华人社会秩序，因此逐渐被其他形式取代。新加坡、槟榔屿、马六甲的华人甲必丹制度在1825年便被废除，取而代之的是亭主制度，其与华人甲必丹制度的主要区别是亭主的仲裁权被剥夺。因为英国在马来亚执行不干涉政策，海峡殖民地的1826—1867年被一些美国

---

① S.M.Middlebrook and J.M.Gullick，“Yap Ah Loy，1837—1885，” *Journal of the Malayan Branch of the Royal Asiatic Society*，Vol. 24，pt.2（1983）：31-32.

学者称作“不活跃年代”，也被形容为“印度帝国的一个孤立地带的一个三等驻扎官的管辖区，利益受到荒谬的牺牲”[①]。在此情形下，大部分华人移民对当地政府知之甚少，“除非他有犯罪行为而且被发现，否则是不会与政府官员发生任何联系的”[②]。

19世纪中叶之前，华人秘密会党被政府视为华人社会结构中不可或缺的一部分。严格来说，在海峡殖民地，华人秘密会党并无秘密可言，因为地方政府充分掌握他们的存在，唯有其仪式和誓言是秘密[③]。早在1824年，新加坡华人秘密会党组织的活动便已出现在政府官员的记录中。但海峡殖民地由于警力不足和法律不完善等原因，加上有赖于会党组织维护地方秩序，因此未对其采取相应的措施。因为英国殖民政府在马来联邦的治理能力最为薄弱，所以在马来联邦诸州的华人秘密会党较海峡殖民地更深刻地主导当地华人的生活。随着利益纠纷的扩大，会党之间、帮派之间的冲突愈演愈烈。1867年槟榔屿暴动便是典型，这场持续10天之久、3.5万人（其中包括4000多名马来亚人）卷入其中，其规模和激烈程

---

① D.G.E.霍尔：《东南亚史（下册）》，中山大学东南亚历史研究所译，商务印书馆，1982，第599-600页。

② 威尔弗雷德·布莱斯：《马来亚华人秘密会党史》，邱格屏译，中国社会科学出版社，2019，第183页。

③ Eddie Tang，“*British Policy Towards the Chinese in the Straits Settlements*：*Protection and Control*，*1877—1900*”（Australian National University Masters of Arts Thesis，1970），p.24.

度均属空前，表明华人社会自治模式已经失控。1867年4月乔治·沃德就任海峡殖民地总督，开始转变治理方式。其对槟榔屿暴动的镇压表明，殖民地政府不再采取往昔间接治理模式。1869年，沃德任命委员会调查华人问题，随即出台《危险会党镇压条例》，该法令是首次尝试向政府提供控制华人秘密会党的工具[①]。根据法令，警察局负责华人秘密会党的登记工作，并负责监督华人秘密会党，但是1869年的法令流于形式。1871年警察局局长在报告中指出，经调查和多方证实，大多数被登记的首脑只是“稻草人”，而不是真正的首领。因此，在19世纪60年代和70年代初，随着华人社会秩序迅速恶化，英国殖民地政府更多授权警察局对华人秘密会党加以控制。但囿于华人秘密会党问题的复杂性，特别是语言沟通不畅（据统计，在1878年海峡殖民地警察局人员构成方面，欧洲人45位、印度移民540位、马来人630位、华人5位[②]），警察局的治理效果欠佳。而在警察局或者其他殖民统治机构吸纳华人成员的问题上引起较大争论，英国方面持反对态度，认为华人的忠诚属性使之即便被任命了也不应得到信任，如果任命了华人则会导致“华人会党与民族之间嫉妒

---

① Eddie Tang，“*British Policy Towards the Chinese in the Straits Settlements*：*Protection and Control*，*1877—1900*”（Australian National University Masters of Arts Thesis，1970），p.44.

② 转引自 Johnna Noel Lash，“*British Perceptions and Interventions*：*British Malaya and the Rise of Chinese Influence*”（Washington State University Masters of Arts Thesis，2011），p.84.

的危险”，并最终形成对抗英国殖民政府的局面[①]。因此，在殖民地的官方职位中长期不见有华人的身影。

（二）移民问题

海峡殖民地政府于1873年10月颁布《华人移民法》，打击华工在流入和流出的过程中被拐卖的行为，并通过登记等方式阻止新客被纳入华人秘密会党。无奈的英国商人以法令提高了劳动力价格、损害了新加坡贸易等为由激烈反对。1873年继任总督的克拉克对此进行调整，但无功而返。继任总督泽维士在伦敦的压力下，于1876年6月任命委员会调查殖民地华工现状，以判断是否需要立法保护移民。该委员会在当年11月提交的报告中指出：

> 华人是海峡殖民地的工业支柱，而政府对这一庞大群体知之甚少……除了毕麒麟和卡尔，没有任何政府官员能与华人用后者的方言进行交流……因此，不必奇怪华人大众对我们的政府非常陌生……我们相信，绝大部分在此工作的华人返国后甚至不清楚殖民地存在政府。华人移民来到殖民地之后，绝大多数很快成为秘密会党的一员……倘若其陷入了麻烦……他们从来不曾想过求助于政府官员。[②]

---

① Wilfred Blythe, *The Impact of Chinese Societies in Malaya* (London: Oxford University Press, 1969), p.199.

② Eddie Tang, “*British Policy Towards the Chinese in the Straits Settlements: Protection and Control, 1877—1900*” (Australian National University Masters of Arts Thesis, 1970), p.51.

鉴于此，该报告建议在新加坡和槟榔屿设立华民护卫司，由熟练掌握华人方言的欧洲官员担任；为控制移民，需要向苦力经纪人发放许可证，并建造收容所为流入移民和流出移民提供庇护，华民护卫司则当面检查全部人及其合同。

（三）各种恶习

19世纪晚期马来亚的华人社会中，因家庭生活缺失、中国传统礼俗的约束力相对较弱、现实生活中娱乐方式有限等，导致赌博成为不少华人的嗜好。赌博盛行，赌馆林立，赌博的名目繁多，由赌博引发的社会秩序问题层出不穷。殖民地政府面对赌博带来的巨额财政收入，亦明里暗里鼓励赌博业的发展。

与赌博一样，吸食鸦片也是马来亚华人社会的顽疾。19世纪和20世纪初，新马华人吸食鸦片之风盛行。1881年，一份报告宣称，马六甲1.5万名华人当中，有20%吸食鸦片，除去儿童，这个比例达到三分之一[①]。雪兰莪华民护卫司在1898年提供的数据显示，雪兰莪州40%的矿工，近2万人每天吸食鸦片，其他劳工阶层，如三轮车夫、船夫、建筑工人等约有2500人也习惯吸食鸦片。一个欧洲医生在1904年调查之后得出结论，认为有15%华人吸食鸦片，在锡矿劳工中尤为盛

---

① Yen Ching-hwang，*A Social History of the Chinese in Singapore and Malaya 1800—1911*（Singapore：Oxford University Press，1986），p.222.

行[1]。1908年相关调查分析显示，在19世纪下半叶和20世纪前10年，30%—60%的华人苦力为吸食鸦片者[2]。在富裕华人当中亦较为盛行吸食鸦片。1907年，时任新加坡华民护卫司首席翻译官何乐如估计，新加坡富裕华人当中有20%为吸食鸦片者[3]。

马来亚华人吸鸦片之风盛行客观上则与英国殖民政府的纵容有关。长期以来，鸦片承包税是殖民地各州政府最为重要的税收来源之一。新加坡助理华民护卫司黑尔在备忘录中直言不讳，宣称华人劳工阶层（占总人口比重的20%—30%）的吸食鸦片者，对当地财政作出重要贡献。1900年，时任马来联邦驻扎官在其报告中也提及：华工的奢侈习惯和恶习（指赌博、吸食鸦片等）可被征税，已成为各州经济繁荣的基础，如20世纪20年代马来联邦的鸦片饷码收入达到1200万叻币，吉打和柔佛在1913—1929年间鸦片饷码占总税收的27%—45%，同一时期在华侨较为稀少的吉兰丹和丁加奴鸦片饷码收入约占总税收的近1/4[4]。在巨额财政收入刺激下，各州殖民政府纷纷增加鸦片进口量、上调鸦片进口关税等。此

① R.N.Jackson，*Immigrant Labour and the Development of Malaya 1786—1920*（Kuala Lumpur：Government Press，1961），p.52.

② Yen Ching-hwang，*A Social History of the Chinese in Singapore and Malaya 1800—1911*（Singapore：Oxford University Press，1986），p.223.

③ Yen Ching-hwang，*A Social History of the Chinese in Singapore and Malaya 1800—1911*（Singapore：Oxford University Press，1986），p.223.

④ 郭威白：《马来亚中国人在发展当地经济中的作用》，《中山大学学报》1959年第4期。

外，殖民政府还以颁发执照的方式保障烟馆公开合法经营，并制定系列法令以维护鸦片包税制度的顺利推行。正因政府的纵容甚至鼓励，马来亚的烟馆数量持续增加。据统计，新加坡在1848年有45家注册烟馆，到1897年达到500家，1900年为550家，还有数不胜数的非法窝点[①]。

移民马来亚华人的动机和身份构成，加上中国传统的性别分工模式，导致马来亚早期华人移民面临严重的性别比例不平衡问题。并由此引发系列如嫖娼、卖淫、拐卖妇女与女童、虐待女性性工作者等社会问题，而且华人秘密会党受巨额利益吸引而深度介入其中，严重影响马来亚殖民地的稳定。

1876年12月爆发的新加坡邮局骚动更是表明华人社会与殖民地政府直接沟通的重要性。殖民地立法部门在1877年3月通过II号和III号条例，这两个条例很快得到伦敦方面的批准，成为设立华民护卫司署的直接法律依据。

## 第三节　影响华民护卫司署设立的其他因素

设立华民护卫司署的内在动力主要为马来亚商业战略地位的提升，以及当地华人社会秩序越发无序损害了殖民统治

---

① Yen Ching-hwang，*A Social History of the Chinese in Singapore and Malaya 1800—1911*（Singapore：Oxford University Press，1986），p.224.

者的利益。也有若干外部因素作为推力，如德、法、美等列强竞争的压力、清政府设置领事馆的影响、当地华人商人的请求、英国的人道主义活动等。

首先是来自德、法、美等列强的竞争。19世纪中叶，随着工业革命在诸多欧美国家展开，英国在世界范围内的工业和贸易霸权开始面临挑战，并反映在对东南亚的争夺上。1863年后柬埔寨沦为法国“保护国”，而此时意大利也对东南亚虎视眈眈。特别是德国在东南亚活动频繁，最为威胁英国的经济利益，其在新加坡的贸易额仅次于英国。19世纪70年代前后，普鲁士政府多次在北婆罗洲及附近开展殖民活动，显示了德国对马来亚的野心，即以建立海军基地和殖民地为目标。荷兰在1870年盛传柔佛君主欲把刁曼岛租借给北德联邦作为海军基地。在1871年英国与老牌殖民帝国荷兰签订的《苏门答腊条约》中，英国承认荷兰占领苏门答腊。这已不利于海峡殖民地外贸与商业发展。英国殖民大臣金伯莱在1871年9月讲道：我们反对荷兰将其影响力蔓延至本地的独立诸州，因为如此意味着排挤英国的商业[①]。1873年7月12日《泰晤士报》刊文批评英帝国政府允许荷兰占领亚齐这一马六甲海峡的“咽喉”，并表示德国亦会追随荷兰，成为干涉马六甲海峡的关键因素。在此情形下，若英国不采取进一步行动，

---

① 转引自 Khoo Kay Kim, “The Origin of British Administration in Malay,” *Journal of the Malaysian Branch of the Royal Asiatic Society*, Vol. 39, No. 1 (July 1966). p.55.

难以保证自己能独占马来亚的利益。后起资本主义国家美国在开放门户的口号下，活跃于北婆罗洲和北苏门答腊，如1865年美国从苏禄苏丹国续租北婆罗洲十年。在荷兰人侵亚齐之际，美国驻新加坡领事私下与亚齐王国代表推进缔约谈判。金伯莱在1873年7月10日致信首相格莱斯顿时指出：从半岛到暹罗诸州的支流我们都有着至高无上的权力，考虑到接邻印度及我们在东方的地位，任何欧洲势力插足半岛，都会是严重事态。金伯莱进一步指出：马来亚半岛诸多拥有独立主权的小邦，会将自身置于一些欧洲列强的保护之下；德国是最多被提及会最紧跟英国之后的[①]。金伯莱指示，要迅速抢在德国等列强之前牢固掌控马来亚。因此，在英国抑制德国的外交理念下，德国势力在马来亚的强大威胁，是英国改变马来亚政策的直接原因之一。此外，1873年爆发的资本主义世界经济慢性萧条，引发国际经济结构的重整，商品倾销成为常态，工业化国家对海外市场的竞争白热化，新加坡作为亚洲重要商贸港口更为受到各列强关注。

其次是华商与华人社会领袖的呼吁。19世纪70年代初，英国与海峡殖民地政府接到越来越多来自华商和华人社会关于维护秩序安定的请求。华人社会呼吁政府提供保护，特别是对移民劳工的保护。被无良雇主从海峡殖民地分流转贩至

---

① 转引自 Khoo Kay Kim, “The Origin of British Administration in Malay,” *Journal of the Malaysian Branch of the Royal Asiatic Society*, Vol. 39, No. 1 (July 1966). p.61.

苏门答腊等地的华工，面临极端恶劣的境遇。这些情况不仅使得移民劳工唯恐避之不及，同时还损害海峡殖民地华商等群体的利益，为此其多次向政府请求整顿此乱象。1871年3月，海峡殖民地总督沃德收到华人社会的请求：希望他关注新抵达华人劳工群体消失的现象。1873年6月，248名华商也请求政府采取禁止拐卖新客、任命监督官、建造注册与收容场所等方式保护华人移民。英国殖民部在1873年8月下旬收到华商的请求后，金伯莱训令克拉克采取措施改善华商与欧洲商人的处境，避免对英国的贸易和利益造成更大影响；并要求克拉克深入了解各州实际事务后，向殖民地政府提交报告详述修复地方秩序的方案，特别是让英国官员驻扎各邦。金伯莱这一训令被一些西方学者认为是英国干涉马来亚政策的形成标志。可见，华人各界的请求一定程度为英国和马来亚殖民政府所考量，对设置华民护卫司署起到了一定的推动作用。

再次是英国人道主义运动的影响。奴隶贸易自18世纪中叶起便遭到英国国内部分群体的谴责。基督教福音派的兴起更是引发人们思想观念的巨大转变，“平等博爱”成为公众道德标准，人道主义运动随之兴起，到19世纪20年代人道主义运动已在英国本土呈蓬勃发展之势。在此推动下，早在1807年英国便已废除奴隶贸易法案，1833年在所有英国领土废除奴隶制。但契约性质的准奴隶制并未彻底灭绝于世界范围内的殖民体系，“正是那些工业化的殖民大国在他们位于热带地区的殖民地建立起了这样一种准奴隶制度”[①]。历史学家孔飞力将“赊单制”和“契约劳工制”华人的生存状态称作“准奴隶制”。英国人道主义者群体如废奴主义者、工会会员注意到了英属殖民地的“心理背离”，这迫使英国政府进一步采取应对措施。

最后是清政府在新加坡设置领事馆，直接刺激华民护卫司署的诞生。护卫司署的设立，部分归功于中国政府保护和影响海外华人的新政策[②]。根据1869年中英《新定条约》第二款，中国可在英国及其属地派官驻扎，但直到19世纪70年代中叶清政府才开始在海外设领事馆。中国首任驻英国大臣郭嵩焘于1877年初抵达伦敦与英国外交部正式交涉在新加坡设领事馆事宜，虽然英国政府和海峡殖民地政府百般阻挠，但经过多重博弈，清政府在接受诸多无理要求后终于可以在新加坡设立领事馆。1877年10月，清政府于新加坡设置海外第一家领事馆，胡璇泽为首任领事。1878年3月正式开馆，“兼辖海门（即英属海峡殖民地）等处交涉事务”[③]。任命胡璇泽为第一任领事，是中英外交博弈后折中的选择。由于英

---

① 孔飞力：《他者中的华人：中国近现代移民史》，李明欢译，江苏人民出版社，2016，第111页。

② Eddie Tang，“*British Policy Towards the Chinese in the Straits Settlements: Protection and Control*，*1877—1900*”（Australian National University Masters of Arts Thesis，1970），p.292.

③ 故宫博物院明清档案部、福建师范大学历史系合编《清季中外使领年表》，中华书局，1985，第73页。

方反对中方直接派任领事，在此情形下，郭嵩焘推荐胡璇泽作为人选。在曾纪泽看来，这实际上是清政府对英方的妥协，中国初设新加坡领事，派璇泽充任之时，颇有迁就英人之意。之后在槟榔屿设立副领事，管辖北马、中马的华人事务，张弼士为第一任副领事。1891年清政府驻新加坡领事馆升格为清政府驻新加坡总领事馆，统辖新加坡、槟榔屿、马六甲等。在清政府驻新加坡领事馆初创阶段（即1881年左秉隆作为第一位从中国派遣的领事之前），清政府对设置该机构的目的尚未明晰，更多仅是考虑从经济层面争取华人，亦不为领事馆提供日常开支经费，因此新加坡领事馆在这一阶段寸步难行，未能有效保护侨民。但华人族群有了官方机构的庇护，殖民地政府对此尤为敏感与不安，其政治反应便是成立华民护卫司署。因此，华民护卫司署的设立可视为对清政府驻新加坡领事馆的回应，或者说清政府设立领事馆加速华民护卫司署的出现。后者意图抢在清政府领事馆正式成立之前，先行在华人社会扩大自己的影响力，同时弱化清政府领事馆的存在感，让其仅局限于充当中国的“商业代理人”。《申报》对此评论道：“英国既已谋及此，故中国领事之设，方在可有可无之间。”

# 第二章

# 华民护卫司署的设立与属性

1877年新加坡首先成立华民护卫司署，1881年槟榔屿成立华民护卫司署，之后马六甲和马来联邦各州、马来属邦的一些州陆续设置同类机构。各地的华民护卫司署在规模、对华人社会影响等方面不尽相同，但均面临人员缺乏、高级职员频繁变动、经费不足等问题。这些华民护卫司署搭建起马来亚政府与华人族群沟通的最主要官方渠道。

## 第一节　各州华民护卫司署的成立与职位设置

新加坡于1877年率先设立华民护卫司署，之后马来亚诸邦陆续设置华民护卫司署。槟榔屿于1881年、霹雳于1883年、雪兰莪于1890年、彭亨于1908年、马六甲于1911年（马六甲在1892年已设置华民护卫司署，但无固定职员，华民护卫司的职责在1911年之前由警察局局长承担，之后改为由地方法官承担)、森美兰于1914年、吉打于1923年设立华民护卫司署，在森美兰和彭亨设置华民护卫司署之前，华人保护事务由雪兰莪华民护卫司署兼管。海峡殖民地、马来联邦各个州均设有专门的华民护卫司署，而在马来属邦，只有柔佛、吉打设有华民护卫司署，登嘉楼、吉兰丹和玻璃市则没有。大体做到“在各州首府设置总部，在华人众多的区域设置分局”[①]。部分地方华民护卫司署的设置，与当地官员的态度有所关联，如雪兰莪之所以较晚设置华民护卫司署，原因可能是英国殖民政府认为当地甲必丹已经较好地扮演了华人与政府之间的中介角色，无须立即以华民护卫司署取代之；也在于时任参政司仅要求派遣一位华民护卫司，而不是在当地设立一个华民护卫司署。

各州华民护卫司署各自为治，互不统属。不过在1896年，英国政府在马来联邦设置华民事务秘书，统领联邦州署的华民护卫司署，吉隆坡为总部，由雪兰莪华民护卫司兼任华民事务秘书。此外，1915年，海峡殖民地华民护卫司被授权向柔佛华民护卫司提供咨询服务，表明华民护卫司署之间可能存在“支援”关系。1933年，海峡殖民地和马来联邦各州的华民护卫司署合并为海峡殖民地与马来联邦华民政务司

---

① Yen Ching-hwang, *A Social History of the Chinese in Singapore and Malaya 1800—1911*（Singapore：Oxford University Press，1986），p.149.

署，1934年改名为马来亚华民政务司署。

部分州的华民护卫司署在建立初期并非以“华民护卫司署”的名义运作，而是采用了其他名称，这些机构具有华民护卫司署性质，专门管理辖区内华人事务，可以视为华民护卫司署的前身。其名称变迁、办公地点变动与华人聚居重心的转变紧密关联。以霹雳州为例，1883年在太平设立华人事务部，1884年1月正式运行；1888年在近打县华都牙也成立华人事务秘书处；1894年把位于太平的华民护卫司署总部迁往怡保镇。在英国殖民政府档案资料中，霹雳的华民护卫司署先后以这三个名称出现。新加坡华民护卫司署办公地址最初设于北干拿路，后因业务逐渐繁多而职员大增，遂迁至毕麒麟街，1886年再次迁至合洛路。通常来说，各州华民护卫司署总部设在各自邦首府，在华人众多之处设分署。

助理华民护卫司的设置依据各州华人人口密度。在新加坡和槟榔屿因华人人口众多，随着华民护卫司署的发展，均设两名助理华民护卫司，即助理华民护卫司和第二助理华民护卫司。

新加坡华民护卫司署的成立时间最早，职能最为完善，其人员组成如表2所示：

**表2　新加坡华民护卫司署成立初期人员构成情况**

| 职务 | 人数（人） | 职务 | 人数（人） |
|---|---|---|---|
| 华民护卫司 | 1 | 译员兼录事 | 1 |
| 助理华民护卫司 | 1 | 膳食管理员 | 1 |
| 一等录事 | 1 | 助理膳食管理员 | 1 |
| 二等录事 | 1 | 船夫 | 5 |
| 三等录事 | 1 | 侦探 | 2 |
| 四等录事 | 1 | 检查站看守 | 1 |
| 五等录事 | 1 | 侍役 | 1 |
| 视察员 | 2 | 拉扇夫 | 2 |

资料来源：林远辉、张应龙的《新加坡马来西亚华侨史》，广东高等教育出版社，1991，第218页。

槟榔屿华民护卫司署在1879年年度报告中提及，该部门连同华民护卫司共有9人，其中包括1名船政官和4名船夫。

1934年，各邦的华民护卫司署合并为马来亚华民政务司署，其职能有所扩大，高级职员的岗位设置也相应有所调整。

其中，妇女助理华民护卫司一职设置较晚。1926年，新加坡华民护卫司毕麒麟指出，政府早已计划在护卫司署设置妇女官员一职及其助理，并为之提供专门办公场地。但面试的3名求职者得知具体职责后，无一人愿意接受这一职位。在马来亚殖民统治体系中，女性充当中高级官员的比例极低，到1933年，新加坡华民护卫司署仅有2位妇女助理华民护卫司，“是马来亚政府少有能占据重要职位的女性官员”。

华民护卫司、助理华民护卫司群体，在马来亚殖民地行政官的官阶中处于中等位置。马来亚行政官的官阶按照低级到高级依次为Cadet（行政官）、Passed Cadet（通过资格的行政官）、Class V（五等）、Class IV（四等）、Class III（三等）、Class II（二等）、Class IB（一等B级）、Class IA（一等A级）。而1923年11月雪兰莪华民助理护卫司的官阶为Class V。1924年，马来亚殖民部一份华民护卫司署官员任命与官阶变动告示如下：一位新加坡助理华民护卫司晋升为新加坡华民护卫司，其官阶从Class IV调整为Class II；另一位新加坡助理华民护卫司的官阶则从Class IV调整为Class III；一位槟榔屿助理华民护卫司（官阶Class III）晋升为槟榔屿华民护卫司（官阶Class IV）；另一位槟榔屿助理华民护卫司的官阶从Class IV跌至Class V。由此可知，助理华民护卫司的官阶通常处于Class V—Class III之间，在官阶序列当中属于中低级，而华民护卫司官阶在Class III—Class II之间，属于中高级。直到20世纪30年代初，新加坡华民护卫司才从Class II提升到Class IB，表明英国殖民政府对该机构的重要性进一步认可。但实际上华民护卫司在行政体系中的地位较高，如在海峡殖民地，华民护卫司是海峡殖民地总督之下的马来亚最高官员。再如1932年马来联邦官员统计资料显示，华民护卫司署高级官员薪金大体情况如表3所示：

**表3 1932年马来联邦的华民护卫司署高级官员薪金情况**

| 级别 | 年薪（美元） | 职位 |
| --- | --- | --- |
| Class I | 1200 | 华民护卫司 |
| Class II | 880 | 霹雳华民护卫司<br>雪兰莪与彭亨华民护卫司 |
| Class III | 730 | 森美兰华民护卫司 |
| Class IV | 570 | 助理华民护卫司 |

资料来源：根据A. J. Harding，G. E. J. Gent，*The Dominions Office and Colonial Office List for 1932*（London：Waterlow & Sons Limited，1932），p. 439整理。

华民护卫司署升级为华民政务司署，官员的级别和薪资均有所上调。如从殖民地官方资料可知，第一任殖民地政府和马来联邦华民政务司乔丹为Class I，年薪为1200美元，与马来亚劳工监控官、殖民地政府与马来联邦教育督察同一级别；而殖民地政府和马来联邦助理华民政务司年薪为1050美元、槟榔屿华民护卫司戴克斯年薪为880—1000美元、新加坡助理华民护卫司年薪为570—850美元、马六甲助理华民护卫司韦伯年薪为730—850美元。[①]

① A.J.Harding，G.E.J.Gent，*The Dominions Office and Colonial Office List for 1935*（London：Waterlow & Sons Limited，1935），pp. 366-367.

## 第二节　华民护卫司署的职员与经费

作为殖民地政府与华人社会沟通的主要媒介，华民护卫司署对其职员任职资格的首要要求是掌握华人语言并能同华人交流。华民护卫司署还在选用、培养中高级职员等方面加以重视，这些职员中的许多人后来成为“中国通”。此外，华民护卫司署中的华人职员群体也值得关注，其特殊身份使得华民护卫司署与华人族群沟通更为便利，而作为殖民地政府职员又使得其在华人社会的定位相对尴尬。华民护卫司署自成立起便面临人员缺乏、高级职员频繁变动等问题，不利于政策执行的连贯性。

### 一、“学政人员”兼“中国通”

就华民护卫司署中高级官员的学历构成而言，大多数华民护卫司都是大学毕业，部分拥有博士学位，普遍毕业于剑桥大学、牛津大学等名校，受过良好教育，并且往往是文学或者法学学士，符合英国“专业文官”的发展潮流。他们掌握英文和华人方言等多种语言和文字，熟知华人的礼俗、人情往来等。这一群体也属于英国外派公务员当中的“学政人员”。

因熟知华人事务和占有华人资料，加上自身良好的语言条件、教育背景和学术传统，部分华民护卫司和助理华民护卫司成为“中国通”。这体现在他们撰写的关于华人族群研究的作品中。毕麒麟是著名的“中国通”，在1878—1879年于《皇家亚洲学会会刊》发表的多篇文章中，讲述了其在新加坡义兴会总部参加入会仪式的经历，并撰有《海峡殖民地早期历史》等作品。曾担任华民护卫司等职务的维多·巴素著作丰富，是英国东南亚华侨史专家，从马来亚返回英国后曾任剑桥大学远东史讲师，其所著的《马来亚华侨史》和《东南亚华侨史》等书，是西方学者关于华侨史的权威著作。威尔弗雷德·布莱斯于1926—1936年在马来亚多地担任华民护卫司或者助理华民护卫司，退休后致力于研究马来亚的华人秘密会党问题，1969年出版的《马来亚华人秘密会党史》是一部全面系统论述马来亚华人秘密会党的著作。威尔弗雷德·布莱斯凭借此书成为研究马来亚华人秘密会党问题的权威。威廉·斯特林在1921—1931年担任新加坡助理华民护卫司，他利用收集到的华人秘密会党资料，与沃德于1925年合作出版《大地会与洪门会》一书，一时引发轰动；威廉·斯特林独著的《马来半岛的阴影》一书，探究马来亚华人吸食鸦片的情况。再如黑尔主编的《三州府文件修集》于1894年出版，作为培训殖民地官员的中文教材，其中包含数百篇与华人紧密相关的禀文、告示、信函、往来文书等，对研究当时海峡殖民地华人社会具有重要史料价值。

华民护卫司署高级职员，即使在任职之后亦需提高对华人方言的掌握和运用能力。如丹尼斯被任命为新加坡助理华民护卫司之后，因只掌握了广府话，不得不在政府资助下继续学习潮汕话，还需在额外方案下通过方言学习的最终鉴定。毕麒麟在1898年12月和1900年12月分别被派遣至广州和澳门学习广府话，自1900年8月起在新加坡华民护卫司署任职，1901年6月通过广府话鉴定，1909年则在额外方案下通过福建话鉴定。虽然华民护卫司署高级职员均熟悉汉语，但在华民护卫司署与华人交流的正式函件却通常使用英文写作。如槟榔屿嘉应会馆的会议记录内容多有涉及讨论回复华民护卫司署信函事宜，因二者间书信往来用英文交流，会馆需有善英文者与之对接。1931年，槟榔屿嘉应会馆的一次会议决议，推举一位掌握英文的董事以英文函答复华民护卫司署，“公举杨绍成君擅写英文函，以覆华民”。1934年一次会议记录当中，槟榔屿嘉应会馆总理提议：华民护卫司署函件多用英文，李君义文学贯通中西，可否推举为本馆义务英文顾问……[①]尽管如此，仍无法保证华民护卫司署的职员均能与华人在语言上顺畅沟通，导致影响其与华人社会的交流与业务推进。如《叻报》1897年4月23日报道，一位华工欲向华民护卫司署控诉其被诱拐经历，因双方语言不通，导致华民护卫司署职员无法理解，该华工亦最终被转卖。

---

① 转引自余汶慧：《战前的槟城华团研究——以槟城嘉应会馆会议记录为依据（1921年—1937年）》，硕士学位论文，拉曼大学，2020，第33页。

## 二、华民护卫司署的华人职员

华民护卫司署的华人群体是该机构职员当中特殊的一类。总体来说呈现两大特点：一是主要担任中低级职员，华民护卫司署中的华人更多是居于翻译员这一技术性较强的岗位，鲜有升任至高级职员的岗位。二是占华民护卫司署职员总人数的比例较小。但也有例外，如霹雳近打地区的华人事务局在1891年有5名人员，包括1名代理护卫司、1名低级官员，另外3人为华人职员。

其中，若干华人尤为值得关注。一位是何乐如，1866年生，广东番禺人，1884年任新加坡华民护卫司署第一任通译生，1895年任新加坡华民护卫司署通译员，之后长期担任首席华民翻译官，1921年任助理华民护卫司。他是华民护卫司署成立以来华人所担任职位最高者，也是华民护卫司署职员中工作经验最丰富者，在1926年退休之际获得大英帝国勋章。毕麒麟甚为赞赏这位任职达42年之久的华人官员，称之为“华民护卫司署之父”。何乐如在协调各帮势力，引导华人社会和平稳定方面发挥较大作用。另一位是孙崇瑜，1897年生于福建福州，1909年移居马来亚槟榔屿。孙崇瑜接受英文教育，并掌握了普通话、闽南话、潮州话和客家话。1926年12月，孙崇瑜赴新加坡任新加坡华民护卫司署首席汉语译员，1932年1月起升任新加坡华民护卫司署华人帮办。他是第二次世界大战前殖民政府与华族侨领接触最为频繁的人物，深刻影响新加坡华人社会领导层结构变动与政治运动发展。“他的举足轻重的地位、个人的决策与解决难题的方法及其影响，往往无形地左右了华人社会民族主义运动的方向、活动的领域以及领袖人物典型的出现。”[①]特别是他从精神和实际行动层面均支持陈嘉庚这一无党派人士引导与控制华人的政治运动，对陈嘉庚成为20世纪二三十年代新马华人领袖起重要推动作用。如时任海峡殖民地总督兼英国驻马来亚高级专员金文泰意图关闭怡和轩以惩罚陈嘉庚，因为陈嘉庚在海峡殖民地《田中奏折》风波中扮演了关键角色。孙崇瑜建议华民护卫司兀敏不可如数执行，以免进一步导致新加坡华人反日情绪高涨，后者因此把怡和轩俱乐部改为注册社团，而不是关闭。1941年12月，孙崇瑜协助新加坡政府筹组华侨动员委员会。第二次世界大战结束后，他仍短暂地担任新加坡华民护卫司署华人帮办，1949年获得大英帝国勋章。

此外，包括郑惠明（出生于福建，在第二次世界大战前先后担任华民护卫司署译员、总译员，第二次世界大战后升为华民护卫司署帮办，兼任华人社团副注册官、华人参事局秘书、保良局秘书等）、张星垣（原籍海南文昌，在华民护卫司署担任通译员，1918年被调到马六甲执行华民政务，1913年离职）、王盛治（20世纪30年代初任新加坡华民护卫司署翻译员）、伍锡培（曾任槟榔屿华民护卫司署秘书）、孔天增（1876年出生于马六甲，1900年担任槟榔屿华民护卫司署译

① 杨进发：《陈嘉庚研究文集》，中国友谊出版公司，1988，第37页。

员）等，均是该时期较为知名的华民护卫司署华人职员。

华民护卫司署的华人职员群体，一方面因与华人族群有着天然的联系，在处理华人事务时便于沟通，更容易赢得华人信任。“那些在华民护卫司署和警察局内充当职员、译员和侦探的华人，比其他部门的公务员有着更高的社会地位和威望。”[①]此外，部分华人职员作为华人族群的贤达，多用心于华人族群的公益活动等，对华人民族主义活动抱有同理之心，因此广受拥护。如何乐如创办新式学堂——养正学校，发起组建新加坡潮阳会馆，被当地华人称作“乐叔”。孙崇瑜一直支持陈嘉庚的反日爱国运动，多次缓和英国殖民地政府对陈嘉庚的不满情绪。1928年5月抗日烈士蔡公时的夫人郭景鸾拟在陈嘉庚组织的怡和轩俱乐部会议上致辞，号召参会人员为其夫捐款建造一所纪念中学。华民护卫司兀敏恐其引发当地华人反日情绪，打算派遣一官员前往会议举办地。而孙崇瑜认为如此会适得其反，自告奋勇以会友身份出席会议以打探消息，从而避免了冲突。

但另一方面，作为英国殖民政府职员，他们实际上为政府利益服务。其局限在于作为官方代言人，即使个人有着浓厚的民族情感，也不得不遮掩其思想意识。因此，他们受到部分华人的诟病，被称为“二大人”。民国学者梁绍文在其著

① 颜清湟：《新马华人社会史》，粟明鲜等译，中国华侨出版公司，1991，第138页。

作《南洋旅行漫记》中称该群体为“汉奸”，专门欺负初到南洋的生客。实际上，确有部分华人职员滥用职权、凌驾于自己同胞之上。如槟榔屿华民护卫司署在1888年的报告中提及，部分官员在工作中存在欺诈行为，一个首席职员和一个华人职员被暂停职务，进入问话程序。首席职员的辞职被接受，华人职员则被解雇。1896年，霹雳安顺华民护卫司署一名华人职员因收取华人妓院的保护费而被控告有罪。

### 三、人员缺乏与高级职员变动频繁

在华民护卫司署成立至20世纪初提交的海峡殖民地年度报告中，人员缺乏和高级职员变动频繁问题屡有提及。如前文所述，华民护卫司一职设置在华人居住主要区域，根据华人人口密度设置助理华民护卫司；同时设置中级官职，负责诸如妇女、女童、劳工、健康等事务。但实际情况难以如此理想，只有新加坡华民护卫司署人员配置相对完善，甚至槟榔屿华民护卫司署亦时常有职员不足甚至缺失助理华民护卫司的抱怨。槟榔屿在新加坡之后设立华民护卫司署，但其早期的工作效率饱受诟病，不仅因时任槟榔屿华民护卫司的懈怠，还在很大程度上是因为人员严重不足。在1896年和1897年的年度报告中，槟榔屿助理华民护卫司均抱怨其员工经常更换，并且因为员工的缺乏导致华民护卫司署的职能未能较好履行，如对威尔斯利省（简称威省，槟榔屿护卫司署监督的一个地区）庄园华工的监督便时常缺位。马六甲更甚，19

世纪八九十年代海峡殖民地年度报告涉及马六甲华人事务时，反复强调需更多关注马六甲的华民护卫司署，请求派遣一个能说汉语的华民护卫司。新加坡虽然人员配置相对完善，但规模也一直不大。新加坡华民护卫司署早期职员的人数稳定在10人以下，到了1925年人数增加到25人。然而，在1929—1934年出现裁员潮，新加坡华民护卫司署职员数量减少，只维持在15人以下，1934年后才恢复之前的人数并有所增加，但不超过30人①。新加坡华民护卫司署1925年报告指出，虽然此时政府出于监控马来亚华人政治活动及其他方面考虑，打算拓宽华民护卫司署办公空间，不过更紧急的是人员匮乏，特别是缺少有经验、受过长期训练的人员。随着华人大量涌来，华民护卫司署职员人数至少需增加18%，以保障对华人移民的掌控。华民护卫司还指出，虽然警察局近年来人数大增，但警察局只能在犯罪发生后发挥作用，而如果华民护卫司署职员和资源得到充实，那么他们将可以预见并阻止犯罪活动。

华民护卫司署职员紧缺问题未得到殖民地政府的重视和有效解决。毕麒麟抱怨助理华民护卫司缺乏，他认为随着移民的增加，应该增加高级职员人手以改变窘境。毕麒麟还指出相对于印度人移民管理部门而言，华民护卫司署所需财政

① 杨进发：《战前星华社会结构与领导层初探》，南洋学会，1977，第178页。

支出较少。尽管如此，绝大部分殖民地官员仍采取忽视姿态。而早在1878年，毕麒麟便指出，人员不足导致槟榔屿华民护卫司署运行艰难，特别是难以阻止苦力贸易商继续非法将苦力移出马来亚的情况。在1879年7月提交给总督的报告中，毕麒麟谈及新加坡和槟榔屿华民护卫司署人员缺乏的问题："监督收容所、监管签订合同、询问小案件等，占满了我的助理和其他员工的时间。他们忙于制定合同、登记移入和移出移民、每半年登记危险社团。至于槟榔屿……卡尔的职责使其仍然持续性地不在办公室，在我到访槟榔屿期间，他多次整天在威省，被不同的警察法庭叫去提供证据，在他缺席期间护卫司署由华人职员负责，而后者不会说英语。"[①]再如近打华民护卫司署仅有一位助理华民护卫司、一位有18个月工作经历的高级官员、三位华人职员（其中一人仅能说一门华人方言、一人不会说华人方言，还有一人不太会说英语和华语方言），如此小规模的部门承担华人方方面面的工作，导致很多措施流于形式甚至没有执行。

影响华民护卫司署职员规模的主要因素：一是应对职能扩展的需要，如处理华人犯罪问题、监控华人族群民族主义发展等。二是经济因素，不给殖民地政府造成财政负担，是华民护卫司署需遵循的底线。一旦华民护卫司署遭遇经济危

① Eddie Tang, "*British Policy Towards the Chinese in the Straits Settlements: Protection and Control, 1877—1900*" (Australian National University Masters of Arts Thesis, 1970), p.86.

机或者签署华工合同过少等导致政府收入受到影响，便可能考虑压缩职员规模以减少开支。如第一次世界大战后华民护卫司署受经济萧条影响较大，职员工资缩减，马六甲的华民护卫司署职员面临失业危机。三是各州华人族群规模的大小。新加坡、槟榔屿等华人规模庞大的州，治理所需人力更多，华民护卫司署的规模相对较大。而如马六甲这类华民规模较小的州，华民护卫司署规模有限，甚至长期没有专职的华民护卫司。

高级职员变动频繁直接体现在华民护卫司和助理华民护卫司这些职位。新加坡华民护卫司署在成立不久便面临高级职员流失引发的人手不足问题。下一任华民护卫司候选人、助理华民护卫司丹尼斯辞职后该职位未获补充，两位见习生远赴中国留学，导致新加坡华民护卫司署人员调配捉襟见肘。毕麒麟在1881年向殖民地政府提交的备忘录中指出，新加坡华民护卫司署因缺乏人手处理繁杂工作而面临停摆。在1891年，新加坡华民护卫司鲍威尔因病重需返回英国治疗，而助理华民护卫司正在印度考察，导致华民护卫司署这个本应该是海峡殖民地政府最为强大、配置最为完善的部门之一，现在非常虚弱，配置也很不完善①。高级官员被动地进行着人身的空间移动。在1919年，槟榔屿华民护卫司一职曾有3人先

① “The Chinese Protectorate,” *Straits Times Weekly Issue*, November 4, 1891, p.11.

后担任，兀敏担任华民护卫司至5月6日，随后理查兹接任，任职到8月26日，之后调往新加坡，接着麦克福尔接任了这一职位。新加坡华民护卫司一职除了首任华民护卫司毕麒麟，他之后的各任华民护卫司均没有长期任职（见表4）。

**表4　1900—1934年新加坡历任华民护卫司**

| 时间 | 人物 | 职位 |
|---|---|---|
| 1900—1902年 | 伊文斯 | 华民护卫司 |
| 1903年 | 赫尔 | 华民护卫司 |
| 1904—1908年 | 巴恩斯 | 华民护卫司 |
| 1909—1911年、1913年 | 桑德斯 | 华民护卫司 |
| 1912年 | 克莱德 | 代理华民护卫司 |
| 1914—1915年 | 皮科克 | 华民护卫司 |
| 1919年、1921—1925年 | 毕麒麟 | 华民护卫司 |
| 1920年 | 爱伦 | 代理华民护卫司 |
| 1926—1927年、1929—1930年、1932年 | 兀敏 | 华民护卫司及代理华民护卫司 |
| 1928年 | 英咸 | 代理华民护卫司 |
| 1931年、1933—1941年 | 佐顿 | 华民护卫司及代理华民护卫司 |

注：1916—1918年华民护卫司资料空缺。

资料来源：杨进发《战前星华社会结构与领导层初探》，南洋学会，1977，第180页。

由表4可知，1900—1934年，新加坡华民护卫司、代理华民护卫司一职的更替较为频繁，在此期间共有11人担任该职。除了巴恩斯、桑德斯、毕麒麟、兀敏和佐顿，剩余6人均不超过3年，其中有4人仅任职了1年。

再以个人为例，出生于1868年的桑德斯，自1895年2月开始在殖民地华人事务行政体系任职，至1903年，其在华人事务方面所任职位和所在单位经历了多次变动（详见表5）。

**表5　桑德斯在华人事务方面所任职务和所在单位变动情况**

| 华人事务经历 | 工作地点 | 任职时间 |
|---|---|---|
| 第二等华民助理护卫司 | 槟城 | 1895年2月27日 |
| 华民护卫司 | 新加坡 | 1896年4月8日，1896年12月2日 |
| 助理华民护卫司<br>（兼印度移民主管） | 槟榔屿 | 1898年5月18日，1904年5月1日 |
| 华民移民局二等副护卫司 | 槟榔屿 | 1898年8月13日 |
| 助理华民护卫司 | 新加坡 | 1898年8月22日，1898年8月13日 |
| 华民移民局副护卫司<br>海峡殖民地护卫司 | 马六甲 | 1900年12月4日<br>1903年9月4日—1903年11月20日 |

资料来源：叶明政、简美玲《近代殖民体系与华人劳动社会的遭逢与中介：英属马来亚时期的行政官档案研究》，载《族群、社会与历史：庄英章教授荣退学术研讨会论文集》，2015年，第399页。

华民护卫司署高级职员的更替之所以较为频繁，或是因为这些岗位存在跨区域调动的惯例。大多数华民护卫司和助理华民护卫司均有在多个州任职的经历。以第二次世界大战前马来亚华民护卫司署中权力最为雄厚的佐顿为例，自1916

年起，先后担任霹雳代理华民护卫司（1916—1918年）、森美兰代理华民护卫司（1921—1923年）、霹雳助理华民护卫司（1923—1925年）、雪兰莪和彭亨助理华民护卫司（1925—1926年）、森美兰华民护卫司（1926—1929年）、霹雳代理华民护卫司（1929—1930年）、马来联邦华民护卫司兼三州府代理华民护卫司（1930—1933年）[①]。其履历基本覆盖了马来亚设置护卫司署的诸州。

高级官员频繁更替不利于华民护卫司署施策的连贯性，影响其对华人族群的治理效果。而在职较长的华民护卫司得以更好地执行对华人族群的治理政策，经营华民护卫司署与华人族群关系。杨进发指出，毕麒麟、卮敏和佐顿是战前华民护卫司署“最为重要与影响力的人物”。

其中，毕麒麟作为华民护卫司署的缔造者尤为耀眼。不过毕麒麟取得巨大成功，并非出于对“保护华人”的热爱，更多是出于对其工作，或者说对英国殖民理念的认同。正如一份对毕麒麟的研究指出：

虽然是华人事务专家，他并非亲华人者。他寻求公平对待华人，但并不带着情感去看待他们。他的态度是理解（但是止步于同情心）和根本性分歧。华人必须循规蹈矩、接受

① 杨进发：《战前星华社会结构与领导层初探》，南洋学会，1977，第183页。

控制、其行为须与英国理念相一致。他尊重华人的追求和聪明，但是打心底轻视他们，正如他意识到华人打心底也轻视他——当做野蛮人。他对他们并无情感可言。他察觉他们的文化缺陷与不足……他的热情完全基于他的祖国及其价值观。[①]

部分华民护卫司对华人族群存在偏见。华民护卫司群体是与华人社会接触最为频繁的政府官员，虽然不乏一些华民护卫司对华人族群的品质颇为赞赏，但也有部分华民护卫司把固有偏见加诸华人群体。如20世纪30年代殖民地禁止开设妓院后，女招待、舞女等女性职业被华民护卫司“色情化”看待，雪兰莪华民护卫司认为女招待是明妓暗娼之变相，引起不轨之徒的不轨行为；雇佣美貌女子当女招待，有将人作商品之意。马来亚华民护卫司佐顿针对舞女问题在英国皇家社会卫生大会上指出：许多舞女“无父母或监护人，又因经常在灯红酒绿中，与男性接触，于是难免在道德上发生问题”[②]。华民护卫司对从事这些职业的妇女污名化，使得政府和立法机构倾向于对这些职业进行强行限制乃至禁止。

也有若干华民护卫司署高级官员颇为认同华人族群。如

① R.N.Jackson，*Pickering*：*Protector of Chinese*（Kuala Lumpur：Oxford University Press，1965），pp.119-120.

② 《海峡殖民地舞女多至七百余在当地已成为社会问题之一》，《南洋商报》1939年7月30日。

在1921—1931年担任新加坡助理华民护卫司的史德林，有感于华人对海峡殖民地的贡献，特地打造一尊华人铜像送给新加坡以示表彰。曾担任海峡殖民地与马来联邦华民政务司的黑尔，在退休后仍致力于服务华人，其妻子是一位华人女性。

人力限制使得各邦华民护卫司署早期运行步履维艰，表现在华民护卫司署有时对移民的检查流于形式、在1898年之前无财政能力建立移民检查站、对华人劳工的保护不力等。胡亚丽认为，海峡殖民地政府对华人族群虽然已从间接统治转向直接统治，但华民护卫司署并未能迅速承担起这一重任，在《社团条例》于1890年生效之前，政府依然较大程度有赖于华人社会领袖协助其管理华人族群，《社团条例》生效后政府才真正得以按照英国殖民模式统治与管理华人[①]。这一观点虽然对《社团条例》的作用有所夸大，但说明华民护卫司署在早期因人力、经费等限制，无法对华人社会基层实现渗透。槟榔屿华民护卫司署时常抱怨，因员工缺乏而导致华民护卫司署不能对威省采取太多的监督工作，并补充道，虽然没有收到诸多尖锐的抱怨，但威省移民的条件难言满意。马六甲华民护卫司署多次在海峡殖民地年度报告中指出，由警察局局长兼任助理华民护卫司的做法存在问题，由于其不通汉语，无法熟悉华人习俗，也没有时间精力像其他地方的助理华民

---

① 胡亚丽：《海峡殖民地法制与华人社会（1867—1941）》，博士学位论文，中山大学，2014，第65页。

护卫司那样承担更多的工作，这些因素共同导致华民护卫司署政策执行效果不佳。

## 四、华民护卫司署的经费与开支

华民护卫司署的收入来源：一是政府拨款；二是依靠“创收”。根据1877年海峡殖民地报告，华民护卫司署的固定费用为每年8825美元[①]。对比1883年华民护卫司署和印度移民与劳工署的收入，华民护卫司署收入16639美元，印度移民与劳工署收入1557美元[②]。

出于节约财政开支的考虑，殖民地政府在早期倾向于仅是维系华民护卫司署的规模。1877年11月，即新加坡华民护卫司署成立不久，一位官员在报刊登文抨击华民护卫司署，认为该机构与之前的华人翻译官有所重叠，政府不应把大量财政花费在此，还举例助理华民护卫司一职，指责该官员无所事事，却每年能获得1500叻币的报酬[③]。针对新加坡华民护卫司署高级职员缺乏的问题，殖民地总督在1879年建议延长现任助理华民护卫司丹尼斯的任期，意在高效利用华民护卫司署每一笔开支，将其维系在财政预算之内，而不是考虑

---

① JARMAN L., *Straits Settlements Annual Report 1855—1941* (*Volume 2*) (London: Archive Editions Limited, 1998), p.307.

② JARMAN L., *Straits Settlements Annual Report 1855—1941* (*Volume 2*) (London: Archive Editions Limited, 1998), p.582.

③ “The New Chinese Department,” *Singapore Daily Times*, November 9, 1877, p.3.

华民护卫司署在建立之初职员的缺乏会影响其职能发挥。1881年初，财政委员会在编制本年财政预算时，认为华民护卫司署开支过大，建议废除助理华民护卫司一职，遭到毕麒麟强烈反对。包括在1894年3月，海峡殖民地因财政紧张而设立裁员委员会，从当地新闻报道来看，该委员会也曾提议裁撤华民护卫司署[①]。

收取签订劳工合同的费用，是华民护卫司署“创收”的重要手段。槟榔屿每份劳工合同仅收费25美分，华民护卫司认为印度移民的收费是1美元，提议上调收费，即收1美元或者2美元。如此到1885年这笔钱将是3.4万美元，而不是0.5万美元[②]。1894年，槟榔屿护卫司署在报告中提及，签订合同的费用提高1倍，从25美分到50美分[③]。华民护卫司署的收入随着其职能的扩大而有所上涨，如因性传染疾病法的执行，华民护卫司署在1882年对此收取的手续费为1.6万美元[④]。

英帝国与殖民地政府较为关注华民护卫司署的经费问题。在海峡殖民地年度报告中，关于华民护卫司署部分首先必须提及经费收支情况，这也是英国在马来亚殖民本质的体现，

---

① “Retrenchment,” *Daily Advertiser*, March 20, 1894, p.2.

② JARMAN L., *Straits Settlements Annual Report 1855—1941* (*Volume 3*) (London: Archive Editions Limited, 1998), p.111.

③ JARMAN L., *Straits Settlements Annual Report 1855—1941* (*Volume 3*) (London: Archive Editions Limited, 1998), p.162.

④ JARMAN L., *Straits Settlements Annual Report 1855—1941* (*Volume 2*) (London: Archive Editions Limited, 1998), p.591.

即关注殖民地的经济利益，特别是预防殖民地成为其经济负担，如果入不敷出则需要进行说明。各州之间的华民护卫司署开支差距极大。从收支比例来看，马六甲华民护卫司署往往在10∶1以上，支出甚微，如在1907年收入为7000叻币，支出为600叻币，1908年收入为6000叻币，支出为600叻币[①]。这是因为其规模小，职能不完善。而新加坡、槟榔屿华民护卫司署的收支都较大，通常都是收入大于支出，有时收入远甚于支出，但有时入不敷出。如槟榔屿华民护卫司署1907年的收入为4.1万叻币，支出仅有1.5万叻币[②]。直到1934年合并为马来亚华民护卫司署之后，根据规定，其经费由海峡殖民地政府和马来联邦政府平摊。《中国海疆文献续编·海运交通》对此也有论及：其薪金由殖民地政府与联邦政府对半负担。

华民护卫司署经费的缺乏，制约其对华人族群治理的功效。以移民检查站为例，华民护卫司署自成立起积极推动建立由政府直接管理的移民检查站，以更好地管理劳工移民。但其费用开支问题迟迟未能解决，直至1898年才建立起第一间移民检查站。

---

① JARMAN L., *Straits Settlements Annual Report 1855—1941*（*Volume 5*）（London：Archive Editions Limited，1998），p.633；JARMAN L., *Straits Settlements Annual Report 1855—1941*（*Volume 6*）（London：Archive Editions Limited，1998），p.142.

② JARMAN L., *Straits Settlements Annual Report 1855—1941*（*Volume 3*）（London：Archive Editions Limited，1998），p.616.

## 第三节　华民护卫司署与总督及马来亚其他政府部门的关系

作为新设机构，华民护卫司署因其职能未曾界定，与总督及警察局、立法委员会等密切关联华人社会的统治者及其他政府部门的关系复杂，既有携手共治华人事务的一幕，也有治理理念不合而相互争执的情形。探究华民护卫司署与马来亚其他政府部门的复杂关系，有助于明晰华民护卫司署的属性及其职能的边界。

### 一、华民护卫司署与总督的关系

总督是马来亚的最高统治者，直接向英国殖民政府负责，当国际事务涉及马来亚时，也可向对外事务部报告。华民护卫司署是总督处理华人事务的左膀右臂，作为总督直接统领的部门，其权重与规模很大程度取决于总督的决策。

华民护卫司署设立初期，总督对其作用持怀疑态度，不将其置于重要位置。罗宾逊总督试图削弱华民护卫司署的权力，控制其经费开支。1881年初，殖民地财政委员会在对本年财政进行预算时，建议取缔助理华民护卫司这一职务。在毕麒麟等人努力下，新加坡华民护卫司署这一机构的规模反而有所扩大，但在经费、人员等方面仍不受重视。而C.史密斯（1887年10月起担任海峡殖民地总督）以在香港处理华人事务的丰富经验著称，不顾毕麒麟强烈反对，坚持全面镇压华人秘密会党。其在1888年6月将全面镇压华人秘密会党条例草案提交给英国殖民部大臣纳斯福前，并未咨询华民护卫司毕麒麟的意见，后者为此致函纳斯福表明不满，导致纳斯福训令C.史密斯和立法委员会作出调整。但最终《社团条例》基本贯彻了C.史密斯全面镇压华人秘密会党的理念。这一事件表明华民护卫司署与总督在华人事务上发生冲突时，华民护卫司需作出妥协。华民护卫司署与总督在华人事务上的分歧还有诸多体现，包括1894年废除妓女登记制度，引发多个州华民护卫司署官员的强烈不满。

20世纪初，不同总督与华民护卫司署的关系有所变化。阿特杨（1911—1919年在任）对华民护卫司署态度的经历了从抑制到肯定的转变。阿特杨任职初期弱化华民护卫司署的权责，在1912年劳工法中任命劳工护卫司、结束劳工契约体系，削弱华民护卫司署对这些事务的干预，正如阿特杨描述的那样："这仅仅是警署的事务。"[①]但随着中国1919年五四运动影响的扩大，马来亚地区受到严重冲击，"反帝"等口号触及英国殖民政府的敏感神经，阿特杨不得不重新重视华民护卫司署。而在阿特杨之后担任海峡殖民地总督的基里玛（1919—1927年在任），其主要任务是修复战争造成的经济损害，但受困于马来亚经济生活中的共产主义和国民党元素。

---

① Yong C F，Mckenna R B，*The Kuomintang Movement in British Malaya，1912—1949*（Singapore：Singapore University Press，1990），p.50.

因此，他重视发挥华民护卫司署在控制华人特别是提防国民党的作用，将华民护卫司的官阶提升为一等A级。也正是从基里玛担任总督时期起，出现连续缺乏有经验的殖民地总督的情况，在处理华人族群事务时越发依赖华民护卫司署，后者的地位因此得以巩固并提升。1925—1930年，华民护卫司署的规模有所扩大，权力有所增加。更重要的是华民护卫司署对华人社会思想控制权限的扩大，“在护卫司署没有被咨询之时，他们能自由上言总督，表明在‘非专业’总督体系下，华民护卫司署得以在政策制定时更加强化自身的权力”[①]。

## 二、华民护卫司署与警察局的关系

华民护卫司署与警察局是维系华人社会秩序的两个重要机构。如就职能而言，华民护卫司署与警察局在维系华人社会秩序稳定方面的职权存在重叠，乃至出现马六甲华民护卫司长期由当地警察局长担任的局面。再如华民护卫司被任命为社团登记官，取代本应属于警方的职能。

通常来说，华民护卫司署与当地的警察局关系较好，二者在打击华人社会犯罪、维持华人族群秩序方面一直有较多合作。例如，打击赌博、治理娼妓、整顿华人秘密会党、保护华工移民等，“如果说政府是镇压犯罪的右手，那么华民护

---

① Yong C F，Mckenna R B，*The Kuomintang Movement in British Malaya，1912—1949*（Singapore：Singapore University Press，1990），p.72.

卫司署便是强有力的左手”[①]。因此，在华人族群治理问题上，华民护卫司署与警察局紧密合作，缺一不可。海峡殖民地年度报告多次提及华民护卫司署联合警察局突袭检查华人赌博、嫖娼问题。20世纪之后，华民护卫司署和警察局在监督华人政治活动方面展开了紧密合作，马来亚政治情报局的很多信息来自华民护卫司署，其主办刊物《马来亚政治情报公报》也刊发诸多来自华民护卫司署的消息，这反映了华民护卫司署和警察局特别部门在早期的互动。毕麒麟指出，对华人秘密会党的治理，警察局和华民护卫司署的合作不仅能维持华人秘密会党秩序，还能为政府做贡献。经验表明，如果没有警察局和华民护卫司署的合作，这些会党会重新危害社会稳定。因此，他不主张对华人秘密会党进行突然而严厉的镇压，除非警察局已经准备好完全承担这一后果，因为华民护卫司署会从其控制与监督的权限中剥离出来。

但在治理华人族群的权限方面，华民护卫司署与警察局存在争夺与冲突。例如，在调查妓女的问题上，政府认为依据《社团法》，如果由警察局局长而不是社团登记官来执行，显然是不恰当的。这种职能上的重叠在较多场合表现为华民护卫司署干预警察局职责，从而引发警察局不满。《新加坡日报》在1880年10月报道，新加坡警察局试图增加警察队伍中

① Makepeace, W., Brooke, *One Hundred Years of Singapore* (Oxford: Oxford University Press, 1991), p. 278.

马来人的比例，但一直未能如愿。重要原因是华民护卫司署对警察局过度干涉，导致大批警员辞职，也无人愿意加入警察局，因此诸多马来人也不愿去警察局应聘……特别是华民护卫司毕麒麟，俨然无时无刻不是警署的首长、执法长官、顾问和见证人。在1889年《妇女与女童保护条例》生效后，华民护卫司署与警察局联合保护妇女与女童，但在具体合作中，华民护卫司署官员往往占据主导地位。如在1889年7月底，槟榔屿华民护卫司署与警察局对一处街道进行检查时，“警察局的任何行动都是在依据华民护卫司署代表的要求和指示”[①]。可知华民护卫司署与警察局职能的重叠，在一定程度上影响后者的正常运行。

### 三、华民护卫司署与立法部门的关系

华民护卫司署是执行部门和咨询机构，随着职能增加和地位提升，其逐渐参与到与华人相关的立法事宜中，并且越发拥有话语权。

此前，立法参议会作为一个全部由英国人组成的委员会，是英国在马来亚殖民权力的体现。华民护卫司在早期偶尔参加这一会议以发挥咨询功能。随着华人经济影响力的增强和民族主义活动的活跃，华民护卫司署亦在与华人相关的立法

---

① “How Women And Girls Are ‘Protected’ Under The New Ordinance,” *Straits Independent and Penang Chronicle*, July 27, 1889, p.4.

过程中越发重要。1925—1930年克利福担任总督时，华民护卫司在控制华人政治的政策当中产生了深刻影响[①]。到20世纪30年代，华民护卫司成为立法参议会成员，该委员会对马来亚华人相关立法的决策，主要依靠华民护卫司署和警察局的建议。在槟榔屿政治制度架构中，华民护卫司便是立法参议会主要成员之一，如图1所示：

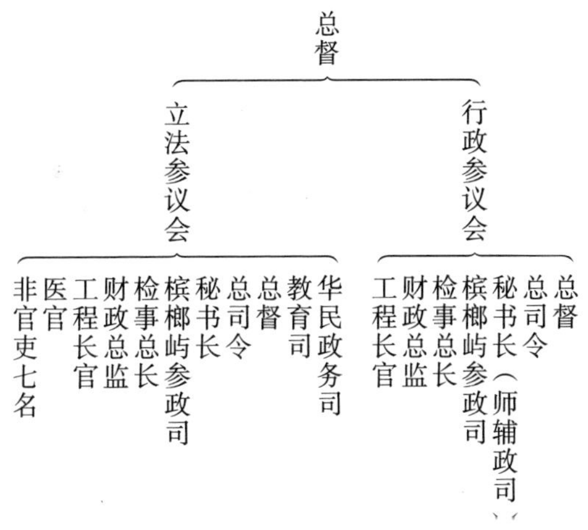


图1　20世纪30年代槟榔屿立法与行政构成情况

资料来源：黄泽苍编《马来亚》，商务印书馆，1931，第37页。

20世纪初，华民护卫司署在与华人相关的法律制定过程中发挥了更大作用，也因此拥有更大权力。如在华人移民条例的制定过程中，华民护卫司署扮演的角色从“建议者”转

① Yong C F，Mckenna R B，*The Kuomintang Movement in British Malaya，1912—1949*（Singapore：Singapore University Press，1990），p.118.

向“起草者”。又如1902年XIX号条例议案的提议、筹备工作均由华民护卫司署负责。相应地，华民护卫司署亦在此条例中使自己权力扩大化，包括诸多工作惯例合法化，如其中第22条规定华人移民如不签订由华民护卫司批准的合同，便可能被罚坐牢。此外，华民护卫司署肩负起法律制定过程中的解释工作。在1932年海峡殖民地立法会制定外侨条例时，一些华人非官方议员在二次讨论时表达不满，华民护卫司署还需一一回应。

另外，华民护卫司署作为代表殖民地政府治理华人族群的机构，其诸多非规范措施得到立法机构的庇护。以1880年《华人移民条例》的实施为例，一般而言，华人劳工的旅费由掮客支付，依据法律规定收容所无权拘留未付费劳工。但1880—1890年，华民护卫司署将此类华工视为未付费旅客进行拘留。直至1889年发生华民护卫司控告陈亨维一案，高级法庭在1890年6月将华民护卫司署拘留未付费旅客的惯例判定为非法。为此，立法会不得不修订条例，通过1891年《华人移民条例修订案》，将华民护卫司署拘留华人劳工的行为视为合法。

华民护卫司署除了与警察局、立法机构等重要职能部门关系密切，其高级职员在一些非重要机构也担任职务。马来联邦政府一份1932年的数据统计报告显示：一个名为电影促进委员会的机构有6名成员，雪兰莪华民护卫司便是其中之一；在霹雳的老龄病房基金管理委员会中，华民护卫司为秘书。如此情形在报告中较为常见，并且在这些机构中华民护卫司或者助理华民护卫司通常担任排名靠前的副职。这表明华民护卫司署的高级职员在与华人直接或者间接相关的诸多事务中，扮演了多种领导性的角色。

## 第四节　华民护卫司署的“准法官”身份

华民护卫司署是专门负责管理华人事务的机构，华民护卫司则是“海峡殖民地总督和马来亚最高专员关于华侨事务问题的顾问，是英国殖民政府对华侨各项政策、法令、法案的执行者”[①]。随着职能的拓展，华民护卫司署还在华人族群某些事务当中承担执法职责，包括处理涉及华人的纠纷、裁决相关争议，“又有了法院的性质”[②]，并在此过程引入英国的法制管理。“华民护卫司署最重要的职责之一是推荐受惩罚人选，特别是贩卖妇女和女童案件、危险社团首领案件和公众赌博发起人案件。”[③]华民护卫司亦被定位为“准法官”，部

---

① 林远辉、张应龙：《新加坡马来西亚华侨史》，广东高等教育出版社，1991，第220页。

② 陈昌豪主编《马来亚史略》，吉隆坡文化出版社，1959，第141页。

③ Walter Makepecce，F.J.I：*One Hundred Years of Singapore*：*Being Some Account of the Capital of the Straits Settlements From Its Foundation by Sir Stamford Raffles on the 6th February 1819 to the 6th February 1919*（*Volume 1*）（London：John Murray，1921），p.281.

分地区的华民护卫司署明确规定其职责包括司法性质的仲裁。如马来联邦华民护卫司署规定，华民护卫司拥有法庭裁判权，除非相应案件已在法庭提审。1892年，霹雳的华民护卫司和助理华民护卫司被授权发放传票、惩罚不遵守传票行为。1892年霹雳华民护卫司、1893年森美兰华人事务部部长则被认定为第一等地方法官。在1899年马来联邦政府通过的华人事务部法中进一步巩固华民护卫司署的司法权限，凡涉及华人的法庭案件，华民护卫司署均有权对此传唤、审查和仲裁，也可在控方或者辩方为华人的刑事诉讼充当公诉人。

华民护卫司署在某些特定事务起到的作用甚至大于专门法庭。范若兰在研究该时期新马华人婚姻家庭问题时指出，在解决华人婚姻家庭问题的三个主要机构即法庭、华民护卫司署和宗亲会馆当中，法庭管辖范畴有所局限，宗亲会馆缺乏法律效力且权威有限，只有华民护卫司署发挥作用最大，囊括从离婚到家庭纠纷等大小事宜[①]。从该时期诸多英文报纸的报道来看，在很多涉及华人的审判案件中，特别是与保护妇女权益相关的案件，因有华民护卫司署官员参与前期的行动，他们通常会出席此类由法院主导的案件审判会，充当起诉者角色并提供相应证据。1896年《妇女与女童保护条例》在扣留被认定为用于不道德目的的未满16岁少女问题上，授

① 范若兰：《性别与移民社会：新马华人妇女研究（1929—1941）》，暨南大学出版社，2019，第273-275页。

权华民护卫司署可不经法庭批准而采取行动。华民护卫司署此权限被认为"剥夺了最高法院修正华民护卫司判决的权力"[1]。并且出现了由同一人担任华民护卫司署高级官员兼警察法官的情况，如1913年新加坡助理华民护卫司皮科克离任之际，当地华人社会在致其感谢信中提及皮科克是"警察法官兼助理华民护卫司"。在海峡殖民地1914年的整顿华人娼妓的法律中，第18条便直接认定华民护卫司的决定等同于最终裁判：凡命令状作为系由护卫司照此法律发出，及由该护卫司签押者，则得在无论何等裁判所，收作证据，无须再行证明，及得视此等命令状为其中所言各事情之证据；并凡系因执行此等命令状所作之行为，俱当作系法律授权造作者；照此条之预备，护卫司照此法律发出之命令状，其效力与一裁判所发出者等同。诸多官方法令直接或间接表现出对华民护卫司署在华人社会扮演裁断机构的认可，以及在实际中华民护卫司署执行这一职能所取得的成效，使得以后华人每遇困难，都向华民护卫司申诉，而不愿到法院。这一说法虽然有待商榷，但也道出了华民护卫司署在仲裁华人纠纷等方面起的重要作用。

20世纪初，随着马来亚华民护卫司署职能重心的转向，其性质亦有所变化，实质上改变成为一种类似政治的代言人。

① "The Supreme Court and the Protectorate," *The Singapore Free Press and Mercantile Advertiser* (Weekly), November 10, 1896, p.2.

本质上，华民护卫司署作为马来亚殖民政府的下属机构，其根本宗旨为服务于殖民地政府统治利益。由于华民护卫司署与华人社会接触频繁、对华人十分了解，成为英国殖民政府对华人族群各重要政策的发言人之一。毕麒麟指出：在任何殖民地，没有一个新建立的政府部门，能像华民护卫司署那样如此迅速地产生改变和取得优势。政府突然发现他自己有了眼睛和耳朵以及新的牙齿[①]。因此，华民护卫司署是英国殖民政府和马来亚华人族群之间的主要媒介。华民护卫司署就其性质而言，可谓是一个被赋予若干执行权和司法建议权的管理华人事务的政府部门。

---

① R.N.Jackson，*Pickering*：*Protector of Chinese*（Kuala Lumpur：Oxford University Press，1965），p.121.

# 第三章

# 20世纪之前华民护卫司署的重点职能

华民护卫司署的设置，使得英国殖民地政府可以对马来亚华人族群施行前所未有的权力。作为英国殖民政府针对华人事务而设立的第一个高层次的决策和管理机关[1]，华民护卫司署的确切职能从未曾被界定，只规定凡涉及华人事务均归其负责。1891年，吉打华民护卫司在年度报告中总结了其在诸多理论上应当承担的职责：①监督新客；②监察采矿业；③监督妓院、征收费用；④监督妇女摆脱妓院；⑤监督、登记友好社团及其书册……⑦向购矿者发放通行证明、检查其册子；⑧监督和执行劳工管理条例；⑨裁决矿场涉及较大金额的纠纷和因矿产税收引发的复杂问题；⑩检查上述（第9条）的登记册以及准备账目；⑪在银行破产案件中向法庭提供华人账目；⑫华人公告准备；⑬公

① 黄贤强：《跨域史学：近代中国与南洋华人研究的新视野》，厦门大学出版社，2008，第78页。

司登记；⑭妓女登记；⑮劳工合同登记[①]。

不过，华民护卫司署的职能重点在不同时期有所变动，结合华人社会主要问题动态调整。具体而言，在其成立至20世纪初，华民护卫司署的工作虽然囊括华人事务的方方面面，并涉猎若干与华人族群并不直接相关的事务，如管理爪哇劳工移民，但其重心在规范华人劳工移民、整顿华人秘密会党、保护华人妇女和女童、治理华人社会不良风气等方面。该时期华民护卫司署的职能重点体现了“护卫”二字。

## 第一节　规范华人移民与监督华人劳工

在分而治之理念下，英国殖民政府对马来亚劳工的管理依据不同族群而区别对待。诸多劳工保护立法仅适用于印度人族群和马来亚人，华人劳工被排除在外。设立华民护卫司署的导火线是新加坡邮局骚动和1875年殖民地政府的华人调查报告，但华民护卫司署成立之初便以规范华人劳工移民为首要任务。华民护卫司的全称即是“华人移民出入境护卫司”。为华民护卫司署这一部门的设立提供依据的1877年第2号法令《保护华人移民法》和第3号法令《诱拐法令》，均旨

① “Chinese Protectorates,” *The Singapore Free Press and Mercantile Advertiser* (Weekly), August 18, 1891, p.6.

在监督和规范华人劳工和移民。在该时期出于鼓励移民、增加劳动力的考虑，华民护卫司署在此方面采取的主要措施是规范华人移民，完善华工工作环境。

## 一、华人劳工移民的法令与流程

根据1877年第2号法令，华民护卫司署设立收容所接收抵达殖民地的移民，组织雇主和受雇者签订成文合同。华民护卫司或者助理华民护卫司在移民船到达后，立即检查每位移民的付费情况。已付费移民可立即着陆，并被告知其法律地位；24小时内未付费的移民，移交收容所受华民护卫司监督，直到有雇主为其支付费用。如果未付费乘客有亲友或者其他关系可以支付费用，华民护卫司署将帮助或者见证他们"获得自由"，但需要登记其亲友的名字等信息。华民护卫司或助理华民护卫司须到收容所进行常规检查，确保移民在逗留期间情况良好。华民护卫司署官员还协助移民寻找其在当地的亲属或者朋友。当移民离开收容所时会被带到华民护卫司面前，告知他无须加入华人秘密会党寻求保护，因为政府会保护新移民的合法活动。此举一是告诫新移民需与华人秘密会党保持距离，二是意图在新移民群体当中植入政府、法治理念。

毕麒麟在1878年的报告中简要描述了该法令下华民护卫司署对流入华人移民的检查程序：

来自中国的船只抵达后，护卫司署官员登上船向乘客发放传单，让他们知晓虽然每个移民都需要支付一笔合理的乘费（大概为5—8叻币），但不允许出现限制或者监禁的情况。如新到移民遭受不公待遇需要向登船官员报告，政府会保护其不受任何欺压。

船只上岸后，护卫司或者助理护卫司会走访移民，询问新到移民在新加坡是否有亲属或者好友；如果有，则记下亲属或者好友的名字并尽力找到他们。

由亲属、好友支付的旅费的移民被带到护卫司署的护卫司面前，后者告知他们不可加入秘密会党，政府随时乐于倾听他们的诉求，保护他们的合法就业。

每个劳工和雇主都会收到一份合同复印本，合同编号登记在护卫司署的登记册中；华民护卫司署向移民解释合同内容，移民也被告知任何情况不受雇主的欺诈和虐待，他本人如有违反合同也需依法被处罚。[①]

1877年第3号法令共有12项规定，旨在“对非法途径引诱任何人离开殖民地去其他地方工作的人进行处罚”。为了保障华工雇主利益，法令规定，任何人通过引诱或者其他非法手段，把签订合同的华工运到殖民地之外，均属违法。招募移出华工须从护卫司署获得收容所营业许可证，即特许的募

---

① Eddie Tang, “*British Policy Towards the Chinese in the Straits Settlements: Protection and Control, 1877—1900*”（Australian National University Masters of Arts Thesis, 1970）, p.83.

工者，服从其管理规则，移出移民、招募人、雇主必须在护卫司面前签订合同，签订合同后劳工必须遵守合同。此举在于制止他人诱惑华人劳工脱离原来工作岗位，或者窝藏和雇佣逃亡华工，使其从马来亚流向苏门答腊（当时尚未建立起从中国招募劳工的直接渠道，其劳工主要来源于海峡殖民地，至1888年才可从中国直接往苏门答腊东北部的日里输送劳动力）的烟草种植园，后者给华工贩子的利润更为丰厚（通常华工签订合同后，便会提前支付24美元），使得华工贩子引诱乃至绑架华工前往荷属殖民地。如果说第2号法令是保护流入华工，第3号法令则主要针对移出劳工群体。因此在制度设置中，虽然重心在对流入华人移民的管理，但亦涉及对流出华人移民的监督。

相对于英国殖民地，荷属殖民地如日里等地华工的工作负荷重且工作环境更为恶劣，死亡率甚高。在荷属殖民地种植业主高额利润吸引下，客头采取欺骗、利诱、拐卖等方式，先把华工从中国骗到海峡殖民地，再转运至荷属殖民地。据统计，仅在1889年从海峡殖民地向苏门答腊移出的华工便达到13554人；即使1890年起苏门答腊可从中国直接招募华工，但仍然从新加坡转运了10414名华工。为阻止英属殖民地的华工外流，同时维护英国的形象，英国殖民政府需对此采取措施。

新加坡和槟榔屿是华人移入和移出最多的两个州，也是收容所的集中地。1877年，新加坡华民护卫司署便颁发了21个收容所营业许可证，毕麒麟在当年的报告中提及，这21个收容所均由华人经营，这些收容所可以在任何时候收容20—145位移民[①]。1888—1893年两地护卫司署颁发的营业许可证数量如表6所示：

**表6 1888—1893年新加坡、槟榔屿华民护卫司署颁发的收容所营业许可证数量**

| 时间 | 新加坡（个） | 槟榔屿（个） |
|---|---|---|
| 1888年 | 41 | 9 |
| 1889年 | 45 | 9 |
| 1890年 | 30 | 13 |
| 1891年 | 26 | 10 |
| 1892年 | 18 | 14 |
| 1893年 | 28 | 12 |

资料来源：R.N. Jackson, *Immigrant Labour and the Development of Malaya* 1786—1920 (Kuala Lumpur: Government Press, 1961)。

## 二、移民检查制度缺陷与华民护卫司署的应对

华民护卫司署在初期监督华人移民方面的工作存在较大漏洞。一是船主有时会在官员尚未上船检查之前让移民下船，然而根据法律，华民护卫司署无权强制移民在官员检查前留在船上。华民护卫司署官员无权登上不是来自中国的船只检查移民情况，也无权检查有第二等和第三等船票的乘客。二

① 转引自 Johnna Noel Lash, "*British Perceptions and Interventions: British Malaya and the Rise of Chinese Influence*" (Washington State University Masters of Arts Thesis, 2011), p.97.

是由于没有官方设立的收容所，新客华工往往为收容所主人所掌控，后者强迫华工签署利润最大化的合同，且不给华工本人在工作地点、工作内容等方面任何选择，这种做法导致华工在签订合同之后仍然不知晓雇主是谁，而最终合同落入客头手上。对签订合同后华工的后续情况，华民护卫司署无从跟进，“（签订合同后的）华工消失了。他的名字仍然登记在册，但这便是全部了。对于合同内容执行或者合同到期事宜，护卫司署并不关注”①。如此为华人移民避开华民护卫司署的监督提供法律漏洞，特别是大部分妇女、女童在早期没受到华民护卫司署的检查与保护。

1880年第4号令对1877年法加以补充，华民护卫司署被授予更多权力监督华人移民。移民船只能在官方指定的地点停靠，在华民护卫司上船检查和登记、核实相关信息前，移民不可走动。华民护卫司可直接保护未支付路费的乘客，乘客也有义务出示护照以供检查；在未接受监督前，移民不得与客头接触，非官方授权人员不可与新客接触交流；船只主人需要登记，在华民护卫司上船登记移民信息前不得移动船只；移民信息需在收容所进行二轮核对。1896年规定每位雇主必须配备雇佣劳工的照片信息。通过这些措施，华民护卫司署可更好掌握新客基本动态，抑制拐卖新客现象。

---

① R.N. Jackson. *Immigrant Labour and the Development of Malaya 1786—1920* (Kuala Lumpur：Government Press. 1961)，p.78.

华民护卫司署还需处理新客栈的欺诈问题。为换取更大利润，一些新客栈意图把自筹船费华工变为赊单华工。《叻报》在1888年报道，一些新客向华民护卫司署控诉潮州人陈亚霖于新加坡经营的甘公马六甲新客栈，强行把诸多新客充为工役、偿还船费，伪造代出船费证明。

针对将英国殖民地劳工转送至苏门答腊等地的劳工合同执行不完善的情况，华民护卫司署要求殖民地的中介机构需对其签订的合同负责。在雇佣关系发生前对华工进行体检。华工在英国殖民地之外的工作时长通常为1年，这是他们通常需偿还雇主所有债务的期限，最长不超过3年。但华民护卫司指出，该制度本身尚存不足且执行效果有限。部分新客不理解合同内容，合同往往不得执行，导致华工在外工作时间经常超过3年，且随处可见华工遭遇虐待之事。最终1896年《诱拐条例》规定，对要流出到不属于英国殖民地或者英国保护地的华工，殖民地政府可以加以管理，官员可禁止华工流出到任何被认为是不合适的地方，此举强化了华民护卫司署对流出华工的管理权限。

对于不签订劳工合同的赊账移民，华民护卫司署也采取相应警告措施，通常是向法庭控告。1907年11月，新加坡助理华民护卫司吉布森向法庭控诉一位华人移民，因其拒绝签订劳工合同以偿还其到新加坡的花费。该华工承认曾获得食物和衣服，也愿意工作，但只愿意去蒙托克（现印度尼西亚的一个港口），否则情愿返回中国。但法官表示，该华工如不签订合同，可能面临监禁4个月的风险，该华工最终选择签订合同。可见，赊账移民签订劳工合同需受到华民护卫司署严格监督，并且合同的限制颇多。

马来亚在1890年成立了一个委员会，主要负责调查海峡殖民地和马来联邦劳工的现状，设置一个方案以鼓励移民、满足劳工需求[①]。苏门答腊、婆罗洲等荷属殖民地的烟草种植园主对华的争夺日益激烈，英国殖民地政府须在节约成本的前提下争取更多劳工流入（1890年，运送一个劳工到海峡殖民地的成本是14—16美元，还需向劳工提前支付30美元以引诱其前往苏门答腊或者婆罗洲。这些费用大多数情况下由经纪人支付，而通常苏门答腊烟草种植园主向其支付80—90美元，婆罗洲烟草种植园主则支付85—90美元[②]）。虽然在1882年海峡殖民地政府已颁布《劳工契约法令》（1882年第1号法令）保障劳工基本利益，马来联邦多个州也颁布地方条例、法令保护劳工，如雪兰莪1888年VIII条例、霹雳委员会1891年第3号法令等，但相应监督机制的缺乏使条例、法令在实施层面形同虚设，雇主、劳工乃至政府对这些法律置若罔闻。雇主还通过种种手段使华工无法偿清其债务，劳工在合同期满之后仍不得不继续长期逗留。调查报告也指出，殖民地的

---

① W. L. Blythe, "Historical Sketch of Chinese Labour in Malaya," *Journal of the Malaysian Branch of the Royal Asiatic Society*, Vol. 20, No. 1 (141), 1947, p.77.

② Eddie Tang, "*British Policy Towards the Chinese in the Straits Settlements: Protection and Control, 1877—1900*" (Australian National University Masters of Arts Thesis, 1970), p.99.

华民护卫司署按照法律无权监督华工状况，而华人劳工不尽如人意的工作环境，几乎都是因为缺乏监督。此外，由于收容所主人往往还同时扮演着雇主代理人角色，引诱华工签订对其获利最大的劳工合同，而罔顾华工利益，因此，由私人经营、政府发放许可证的华人移民收容所模式饱受诟病。劳工调查委员会建议废除由私商领取执照开设“猪仔馆”的模式，改为由政府办理收容所，但遭到部分华民护卫司署的反对而被弃置。也有部分华民护卫司署主张由政府建立收容所，规避私人收容所的弊端。如新加坡华民护卫司署多次提出在现行条例下，将宣称预付船费而负债的华工转移到收容所，在此接受华民护卫司10天监督，但许多华工谎称已经支付费用，从而逃避监督。只有由政府建立收容所、经华民护卫司署完整监督才可抑制如此现象。

把私人经营、政府发放许可证的华人移民收容所模式，转变为政府统一建造和管理，是各州华民护卫司署多年推进的事务。霹雳华民护卫司在1890年年度报告中表示，已多年呼吁在其辖区内由政府建立收容站。在19世纪90年代华民护卫司署的年度报告中，几乎每年都提及此事。华民护卫司署也试图打消政府需增加开支的顾虑，1895年3月新加坡助理华民护卫司黑尔提出多项通过政府收容所增加收入的办法：收容所经营者向雇主征收的外籍劳工入境费用应上缴给政府；向收容所经营者和劳工招募者征收许可证费；取消现行的收容站经营者每月支付13—40美元给私人收留所的做法，改为由政府收容所提供出租“隔间”等住宿设施。据他估计，一个政府收容站一年约能产生2.6万—3万美元收入，足以支付运营成本并盈利①。在华民护卫司署压力下，海峡殖民地政府在1897年批准建设政府收容所，对劳工合同征收的税增加到1美元。1898年，华民护卫司署敦促政府建造的华人移民站建成。

庄园是新到华工主要流向地，但这些农业劳工的工作环境与生活环境往往较为恶劣，为了改善这一状况华民护卫司署欲加强对华人农业劳工的工作环境和生活环境的监督。1887年，槟榔屿华民护卫司署建议效仿治理印度劳工办法，在华人劳工庄园设置监督系统，授权华民护卫司署检查庄园华人合同劳工的状况。鉴于槟榔屿华民护卫司署在监督庄园华人劳工问题的重任，1887年11月，毕麒麟再度向英国殖民部建议，在槟榔屿任命固定的第二助理华民护卫司，减轻当地华民护卫司署职员高压的工作状态。经过一番博弈，殖民地政府批准在新加坡和槟榔屿设立第二助理华民护卫司。1889年，槟榔屿华民护卫司署在年度报告中提及，助理华民护卫司到访威省，在参观当地庄园后指出，当地庄园把劳工的控制权和支付权交给华人头目，后者在利润刺激下滥用劳工。因此需对现有体系加以改革，同时保护劳工和雇佣者。1890年，槟榔屿助理华民护卫司描述了他在当地一个甘蔗种

① Eddie Tang, “*British Policy Towards the Chinese in the Straits Settlements: Protection and Control, 1877—1900*” (Australian National University Masters of Arts Thesis, 1970), pp.105-106.

植园检查时所见华工的悲惨处境：差不多所有的苦力都有病，不是这种病就是那种病，唯一的医院就是雇主私人住宅马厩院中的一个小棚屋，据说苦力常常在那里被饿死，可是那里离警察署还不到五十码[①]。1891年保护华人劳工的临时法令（《华人农业劳工保护条例》），授权华民护卫司署对华人农业劳工进行全面监督。1895年霹雳州政府规定的一份劳动契约显示：华民护卫司在劳工合同的分配规则和纠纷解决等方面具有较大权限，如向雇主和受雇者解释合同详细内容；劳工预借工资需经华民护卫司署签字；新客矿山劳工逃走被捕时，所需费用由该劳工负担，费用金额由华民护卫司或者警察局决定；等等。从马六甲华民护卫司署在19世纪80—90年代的年度报告中可知，在马六甲正式设立华民护卫司之前，新加坡华民护卫司署对马六甲的华人事务负有监督职责，而新加坡华民护卫司或助理华民护卫司到马六甲的主要工作是调研当地主要华人庄园。华人锡矿劳工也是华民护卫司署保护的重要对象。随着华人锡矿劳工的迅速增加，其恶劣的工作环境和生活环境受到华民护卫司署所关注。在吉隆坡，根据1904年《华人锡矿劳工法》授予华民护卫司在锡矿劳工保护问题上更大权限，如在接到工人或者雇主投诉时，可调查、裁决纠纷；在对矿场管理方面也有更多话语权，包括敦促雇

① 布莱司、王陆：《马来亚华侨劳工简史》，《南洋问题资料译丛》1957年第2期。

主每年上报劳工人数、指示雇主向工人提供免费衣物和床被、改善劳工宿舍条件等，否则处以罚款。

## 三、华民护卫司署对华人劳工移民监督的成效

华民护卫司署对华工移民和华工工作的监督，因殖民地政府对劳工态度的变化和自身权限的局限，其实际效果有限，华人劳工在移民、工作等方面仍面临诸多不公待遇。除了官员人数不足而难以有效监管，其创设的正式招募代理人制度也遭受质疑。这一本意在于规范客头贩卖华工的措施，没能逃过华人秘密会党的渗透。如海峡殖民地政府宪报显示，槟榔屿在1882年正式登记的34名募工代理人当中，来自义兴17人、大伯公会5人、和胜5人、和合社1人、海山1人，只有5人没有会党背景。这意味着新到华工不可避免地遭遇华人秘密会党的威逼利诱，其处境较华民护卫司署设置之前难有明显改变。

但华民护卫司署在制止马来亚地区苦力移民被拐卖、虐待和侮辱，以及规范华工雇佣合同和工作环境等方面起一定作用。殖民地政府与华民护卫司署对华人苦力贸易的规范化管理，促使移民当中契约劳工和自由劳工之间的比例发生深刻转变，如在1880年于新加坡登陆的华人移民中，自由移民为38113人、契约劳工8631人，比例约为82：18[①]。根据陈剑

---

① JARMAN L., *Straits Settlements Annual Report 1855—1941*（*Volume 2*）（London：Archive Editions Limited，1998），p.510.

虹著的《槟榔屿潮州史纲》，槟榔屿华民护卫司署对1880—1896年槟榔屿新客上岸情况统计如表7所示：

**表7　1880—1896年槟榔屿新客上岸情况统计**

| 时间 | 上岸总人数（人） | 未付船费者（人）（赊单新客） | 百分比 |
|---|---|---|---|
| 1880年 | 30886 | — | — |
| 1881年 | 42056 | — | — |
| 1882年 | 45122 | 17011 | 37.7% |
| 1883年 | 47930 | 16197 | 33.8% |
| 1884年 | 38231 | 15181 | 39.7% |
| 1885年 | 42142 | 17034 | 40.4% |
| 1886年 | 57186 | 23459 | 41.0% |
| 1887年 | 65348 | 22904 | 35.0% |
| 1888年 | 78175 | 16186 | 20.7% |
| 1889年 | 44441 | 9251 | 20.8% |
| 1890年 | 36044 | 6813 | 18.9% |
| 1891年 | 49066 | 8416 | 17.2% |
| 1892年 | 45227 | 6281 | 13.9% |
| 1893年 | 68251 | 9967 | 14.6% |
| 1894年 | 46230 | 6083 | 13.2% |
| 1895年 | 60559 | 8731 | 14.4% |
| 1896年 | 57055 | 9531 | 16.7% |

资料来源：笔者根据相关资料整理而成。

可知，从1880—1896年，槟榔屿新客移民当中未付船费者，即契约劳工所占比重整体呈下跌趋势，从1886年最高

41%跌至19世纪90年代的15%左右。

1904年，英国政府与清政府签订移出华工协议，建立官方招募机制，意味着中英双方共同监督与管理赴马来亚的契约华工。同年颁布的劳工法案，马来亚华人劳工契约制发生重大变化，各邦原本独立运行的劳工条例被合并成三大主要条例，分别为一般劳工条例、矿业华工条例、农业华工条例。根据1904年劳工法案，华工在马来亚签订的合同的期限缩减至一年，马来亚之外的缩减至两年。刘崇汉在《彭亨华族史资料汇编》中指出，自华民护卫司署成立后，马来亚各州契约劳工的生活条件有所改善，如劳工合同从五年期限改为三年，之后减至一年，1910年工人契约的最高期限为300天。随着契约劳工使用成本增加，在利润被压缩的情况下，私人募工制逐渐取代契约劳工制，到1914年6月，马来亚契约劳工制基本宣告废止。契约劳工制虽然本质上为英国殖民者掠夺中国廉价劳动力的一种方式，但通过华民护卫司署对劳工的移入、签订合同、劳动环境等的规范，在一定程度上保障广大劳工的人身安全和财产利益。特别是鉴于华人劳工作为推动马来亚经济迅速发展的主要因素，在英国不愿意废除赊单制这一臭名昭著的制度前提下，华民护卫司署基本职责并非改变当时劳工雇佣、移民的安排，而是在这一过程中尽可能减少虐待等情况的发生。华民护卫司署的作用，也体现在推动殖民地政府在改善雇主、苦力劳工、新到移民条件等方面加强立法并加以巩固。

## 第二节　保良局与华民护卫司署保护华人女性

在华民护卫司署看来，华民护卫司署的职责是阻止胁迫或者欺骗性质的性交易，阻止虐待性工作者，并控制性传染病的传播。短期内解决华人移民性别不平衡问题难以实现。与此同时，殖民地政府一方面希望创设更好的环境鼓励华人女性移民以改善性别比例；另一方面政府并不禁止卖淫业的存在（直到20世纪30年代后才废除公娼制），只是意图对此过程加以规范化。因此，保护华人移民中女性群体在入境时不遭受强迫诱拐，是华民护卫司署早期工作的组成部分。由于这一群体的特殊性，特别是他们面临性剥削的风险（据估计，19世纪70年代，移民到新加坡的年轻女性当中，有80%被贩卖到妓院，并且大部分为华人秘密会党所控制；1884年，新加坡华人女性共有6600人，其中至少2000人为妓女①），以及与华人秘密会党密切相关，因此保护华人妇女不仅仅是政府的道德责任，同时也是政府反对地下非法活动的一个组成部分②。华民护卫司署对华人妇女、女童移民的早期救助与保

① Ah Eng Lai, "Peasants, Proletarians and Prostitutes: A Preliminary Investigation into the Work of Chinese Women in Colonial Malaya," *Journal of Southeast Asian Studies*, Vol. 19, No. 1 (1988), p.28. 另据1892年1月9日《叻报》记载，在1891年共有1142名中国妇女进入新加坡，其中妓女655人，良家妇女144人，其他人则是借道新加坡转至他埠。

② 颜清湟：《新马华人社会史》，粟明鲜等译，中国华侨出版公司，1991，第238页。

护主要分为三个方面：一是在华人妇女、女童入境之时为其提供保护；二是对华人妓女的保护，需确认从事卖淫的妇女是出于自愿，每个从事卖淫的女性都有一个由政府印制的凭证，确保她们在妓院受到虐待或者意图离开妓院时，可随时向华民护卫司署求助；三是为受虐待、被强迫的家庭女性如已婚妇女、家庭女仆等提供庇护，并设置专门机构——保良局负责处置华人女性问题。该机构也成为保护华人女性的官方代表。

## 一、保良局的成立与经费来源

华民护卫司署对华人妇女、女童移民的救助与保护，最早体现在1878年设置的保护所（也称作“避难所”“庇护所”），然后是保良局[①]。保护所的设立，是为了安置在侦破涉及华人女性案件中发现的被拐卖妇女、娼妓等受害者，新加坡华民护卫司署为这些受害者设置临时性质的暂住场所，即避难所。从收容所到保良局，是华民护卫司署在保护华人妇女问题上的一次质变。最早的保良局是1885年设立于新加坡干登哥堡。新加坡保良局的办公地点多次更变，1896年搬迁到武吉智岛，1928年搬至约克山。保良局与保护所紧密关联，随着保良局的设立，殖民政府便把保护所转为民办并移交给保良局。槟榔屿继新加坡后设立保良局，时间为1888

① 这一名称是拉丁文的拼法，即“Pao Liang Chi”，由广州话拼成，顾名思义，即“保护贞洁局”。也有的学者把新加坡在1878年设立的“保护所”认定为保良局。还有学者将其译为“少女之家”。

年；而马六甲晚至1915年才开始设立保护所，但规模有限，它主要作为中转点，把妇女、女童送至新加坡保良局。此外，吉隆坡、霹雳、怡保、双溪大年等华人较多的地方均设有保良局。不过怡保的保良局同马六甲的保护所一样，一直是临时性质的住所，而吉隆坡的保良局则需要接收马来联邦全部城镇的少女。可知，各地保良局大多数功能不完善，只有新加坡、槟榔屿等少数保良局能独立完整地履行各项职能。通常认为，保良局为新加坡和马来亚首创，逐渐成为华人社会制度的一个组成部分，之后其他英属殖民地也对此进行效仿，相继设立保良局。

保良局是华民护卫司署名下的半官方慈善机构，其经费来源除了捐款收入（以歌剧表演、音乐会、刺绣展览等方式募捐）和自身创收，相当部分来自政府资助。如新加坡保良局在1899年1月于《叻报》公布1898年收入共为7169叻币，其中政府资助3000叻币、各籍绅商捐款1927叻币、获取女子出嫁聘金和女子劳动收入等2242叻币。由此可知，政府资助是保良局最主要的收入来源，在其总收入中亦占据重要份额。1938年，新加坡保良局总收入2.6万叻币，政府资助便有2万叻币[①]。另外则是来自华人帮派之间的“摊派”，如在1897年福建帮向保良局支付668叻币、潮州帮539.5叻币、广东帮493叻币；而在1898年上述数据分别是648叻币、630.5叻币

① “Chinese Girls Aided By Homes,” *The Straits Times*, July 13, 1939, p.12.

和649.5叻币[①]。槟榔屿保良局早期收入大部分来自华人社会捐赠，槟榔屿华民护卫司署在其年度报告中多次强调其“财政状况是健全的”。雪兰莪在1897年申请建立保良局时，其构想是机构建设和员工薪水由政府承担，局内妇女和少女日常开支则部分通过向华人社会募捐来解决。也有一些保良局的经费来源几乎完全依赖政府资助，如怡保、吉隆坡、吉打的保良局。即使在新加坡、槟榔屿等，其保良局也越发依赖政府，如槟榔屿保良局在1930年前经费来源基本是政府和各界捐款对半组成，但自1930年起规定将由政府完全承担，不再向外界进行募捐。

经费问题一直困扰着保良局的运行。如在第一次世界大战后新加坡保良局人满为患，保良局多次在一些华文报刊刊登募捐公告，表明政府拨款难以支撑扩建计划，望民众从人道主义出发踊跃捐款。特别是20世纪20年代中后期一系列保护妇女和少女的法律执行后，保良局收容女性人数大增，出现保良局拒绝收容妇女的情况。《海峡时报》在1924年7月24日报道了一则消息，一位读者从新加坡华民护卫司署得知，助理华民护卫司史德林以不堪重负为由，拒绝了一位华人女性投奔保良局的请求。史德林还拒绝收容一个妇女及其十岁女儿，一位男性承诺支付其出生14天的孩子到4岁期间的开支，希望把孩子寄

---

① Yen Ching-hwang，*A Social History of the Chinese in Singapore and Malaya 1800—1911*（Singapore：Oxford University Press.1986），p.282.

养在保良局，也被史德林拒绝。读者最后质疑道："如果护卫司都不准备帮助他们，那她们还能向谁求助?"[①]

为此，各州华民护卫司署不惜强行向华人会馆摊派捐赠款以保障保良局的运转。不少华人会馆均对此有所记录。槟榔屿嘉应会馆按规定一年捐款为25叻币，华民护卫司署多次致函要求加捐。1923年11月华民护卫司署致函该馆要求增加保良局年捐，会馆领事开会后决议因经费窘迫只能加捐5叻币；1928年同样应华民护卫司署要求再加捐5叻币[②]。1932年1月28日新加坡保良局委员会召开会议，华民护卫司、助理华民护卫司、妇女助理华民护卫司均出席，华民护卫司强调保良局从社会各界收到的捐赠款大幅下滑，从1930年1975叻币跌至现在670叻币，要求委员会利用其影响力呼吁社会各社团积极捐赠[③]。

## 二、保良局的运行

保良局的运行受到各自的保良局委员会监督。该委员会主要由数个当地有声望、各帮公认的华人领袖组成[④]，并出现

---

① "Help for Young Girls," *The Straits Times*, July 31, 1924, p.10.

② 转引自余汶慧：《战前的槟城华团研究——以槟城嘉应会馆会议记录为依据（1921年—1937年）》，硕士学位论文，拉曼大学，2020，第34页。

③ "Po Leung Kuk," *Malaya Tribune*, February 11, 1932, p.12.

④ 与众多华人自我管理性质的机构一样，各州保良局委员会在成员构成方面明显展示了各地华人帮派实力的对比。1898年，新加坡保良局委员会23名成员中，有21名为各帮派如福建帮、潮汕帮等各自推选出来的。载颜清湟：《新马华人社会史》，粟明鲜等译，中国华侨出版公司，1991，第264页。

清政府领事馆领事担任委员会成员的情形，如代理中国总领事张弼士在1898年被推选进委员会，1899年中国驻海峡殖民地总领事也被推选为委员会成员。华民护卫司或者助理华民护卫司是各个保良局的当然成员，通常是主席。委员会每月开会一次。具体管理部门是欧洲妇女协会和护理协会，该协会成员需要每周到访保良局一次。华民护卫司或者助理华民护卫司，以及保良局委员会其他成员，需要每两周到访保良局一次。新加坡华民护卫司署在1931年年度报告中提及，本年新加坡保良局委员会成员到访保良局32人次，欧洲妇女协会和护理协会则是132人次[①]。保良局中还包括一些具体的工作人员，有教师、女舍监（护士）、阿妈等。如新加坡保良局在1932年为妇女助理华民护卫司直接负责，协助人员则有3名教师、1名护士和6—8名阿妈[②]。

保良局职能范畴处于动态拓延过程。最初旨在救济被逼为娼者和从妓院逃出的妇女，并为其提供容身之处；之后拓展到收养被虐待和被遗弃女童、提供婚姻介绍服务、提供技能培训、提供语言学习机会等方面。《大眼鸡·越洋人》一文中提及，新加坡保良局成立初期主要是从妓院出逃或者被逼为娼的女性的庇护所，之后也是被遗弃和被虐待女孩、出逃妹仔的栖身之地，乃至拓展了婚姻介绍服务的业务。

---

① "Chinese Affairs in Malaya," *The Straits Times*, April 14, 1932, p.19.

② "Chinese Topics In Malaya," *The Straits Times*, September 22, 1932, p.16.

新加坡保良局成立初期便推动殖民地政府颁布《妇女和少女保护法令》。该法令是在保良局建议下当局于1887年颁布的，1888年生效，旨在惩戒对妇女女童的非法交易、以卖淫为目的入境等行为，该法令于1890年、1914年、1925年、1927年和1930年多次修改。该法令规定买卖16岁以下的女性为非法行为（到1890年规定买卖任何年龄段的女性均为非法行为），华民护卫司署有权到妓院、住宅、船只等搜查和传讯证人，获取贩卖妇女、强制女性从事卖淫的证据。华民护卫司署对在口岸上岸的中国妇女进行问话，若手续符合要求、有人进行担保，便可立即放行；若对其有所怀疑则将其带到保良局。对于16岁以下被用于或者被训练用于不道德目的的少女，华民护卫司署有权将其扣留在保良局，直至其年满16岁。如果华民护卫司怀疑妇女或者女童被带到殖民地是以卖淫为目的的，除非有人为其安全负责，否则会把她带到保良局。此外，妓院、妓女在登记时，需提供个人姓名、年龄、国籍、出生地、抵达时间等详细信息。此举意味着通过欺骗手段把女性带到妓院进行卖淫属于非法行为，把妇女扣留在妓院并强迫其卖淫、以卖淫为目的蓄养16岁以下少女等也是非法行为。如妓女欲从良，需自己到华民护卫司署报备，他人不可阻拦，一旦禀报均获批准。

保良局对妇女的后续安置多元化。一是为其提供婚姻介绍服务。通常程序为华人男性向保良局提出申请，保良局派人调查该男子背景、职业和品行等。从诸多案例来看，这些华人男性大多从事种植业和锡矿业。男子在提供担保人或介绍人信息之后，从华民护卫司署处取得同意书，以获取从保良局择偶的权利，之后需征得女性同意。男性还应进行健康检查，支付一笔“彩礼”，用于女性购买结婚用的衣服、装饰品等，并购买“六礼”以招待局内职员。通常这些女性结婚之时华民护卫司署长官与保良局领袖也列席。新加坡保良局在这方面表现突出，1897年共有44名女子成功结婚；1898年更是有60名女子与当地男性华人结婚，而此时保良局的妇女只有430人[①]。1900年担任新加坡华民护卫司的埃文斯指出，向保良局申请结婚的请求几乎每天都有，而以此方式结合的婚姻绝大部分是完满的。二是提供技能培训，为女性离开保良局而迈进婚姻生活或走向工作岗位创造更好的条件。绝大部分来到保良局的女性是文盲，缺乏生活和就业所需技术。为培养华人女性具有中国传统妇女的“贤妻良母”形象及作为移民劳工的“工人”形象，保良局开设传统的缝纫、烹饪、育儿课程及阅读、写作、算术、体育、语言（英文和中文）等基本文化与体育课程，并提倡体育运动。1929年4月海峡殖民地总督克利福等人在对新加坡保良局进行年度访问时，对参加体育运动表现优秀的女性颁发了奖励。就此而言，保良局也具有提升华人女性未来生活与就业能力的“培训中心”

① 颜清湟：《新马华人社会史》，粟明鲜等译，中国华侨出版公司，1991，第264页。

功能。三是遣送其回中国并送到其父母或者亲属身边，但是这一种做法费钱耗时，殖民地政府需承担运费、寻找费用等。一些女性还被交给相应区域的华人官员安置。保良局也设置严格的制度以规范局内妇孺的生活。一方面，这些妇女需要服从管理，否则会遭到惩罚，如不可随意嬉闹、需按时作息；另一方面，她们需要自力更生，通过在保良局学习的技能创造经济效益。

各方人士对保良局褒贬不一。支持者认为其极大地改善了妇女，特别是从事性工作妇女的生存处境。1931年国际联盟的一个委员会在参观新加坡保良局之后评价道：这是同类型慈善机构中最好的一个[①]。而批评者将其与接纳犯罪、管制卖淫、性病传播等因素相联系，并视之为一个压迫犯人的监狱。鉴于此，保良局亦采取一定的应对措施，如定期向公众设置“访问日”，让公众对保良局的运行有更多直观的了解，以此打破对保良局的种种谣言。不过设置“访问日”另一个重要目的是借此向公众筹集捐赠款。

## 三、华民护卫司署整顿娼妓业

华民护卫司署对妓女保护的权限在政策层面有所反复。1887年废除《传染疾病法》，规定不再对妓女进行惯例性的免

---

① “Happy family of Chinese girls,” *The Straits Times*, October 26, 1931, p.12.

费义务体检，华民护卫司署也无权监管妓院，这意味着华民护卫司署对妓院或者卖淫问题控制权限的削减。对此，毕麒麟沮丧不已，指出：对于数以百计的不幸少女而言……废除医疗检查将会成为一个灾难[①]。实际也是如此，该法令的废除导致华人社会与海员之间性病肆虐，新加坡成为英帝国健康最糟糕的地方。1894年对1889年条例修订，是因1889年条例与英国法律相抵触，特别是触及了马来亚的利益集团。因此在1894年，削弱华民护卫司署对妓女保护的权限，规定华民护卫司署官员除非接到投诉，否则不可随意搜查妓院；对妓女的注册制度也被废除。1895年雪兰莪政府通过《妇女和少女保护法令》，废除华民护卫司署对妓院的登记和监督，规定华民护卫司不再监控妓院所有者；如若妓女受到虐待，只能求助于妓院所有者而不是华民护卫司署。这一调整削弱了华民护卫司署对妓院登记和监督的权限，导致有关妓女问题的案件大幅增长，新加坡、槟榔屿华民护卫司署在其年度报告中均表达对此的不满，槟榔屿华民护卫司署在年度报告直言：除非对现有法律进行修改，增强护卫司的权力，否则妓院的情况会更为恶化[②]。槟榔屿助理护卫司在1895年的报告中提及废除妓院登记和监督条例造成的严重后果，增加了粗暴主

---

① R.N.Jackson，*Pickering*：*Protector of Chinese*（Kuala Lumpur：Oxford University Press，1965），p.98.

② JARMAN L.，*Straits Settlements Annual Report 1855—1941*（*Volume 4*），（London：Archive Editions Limited，1998），p.162.

义和大街上的抢劫活动[①]。而1896年《保护妇女和少女条例》华民护卫司署在此方面的权限有所恢复，规定华民护卫司署保留一份官方认可的妓院名单，名单包括妓院所有者、妓女的名字；新到妓女需与护卫司官员会面；非官方名单的妓院需将女孩送到私人医生处接受定期检查；如妓院不遵守规则，华民护卫司署可强迫其关闭。雪兰莪在1897年对《妇女和少女保护法令》作了修改，除了授权华民护卫司可以随时询问疑似遭受虐待的妓女情况，还规定妓女只要持有由华民护卫司署颁发的保护票，便可直接向华民护卫司求助。妓院所有者妓院老板不仅不得夺取妓女的保护票，还有责任保障这些保护票的安全，如保护票出现损坏或者丢失，妓院所有者还会面临惩罚。马来联邦1914年颁发的保护票具体内容如下：四州府总华民护卫司特谕各妓妇，你们如有冤情可随时告知本署或地方官、警察局。他人不得阻拦，否则必对其追究。该保护票需随身携带，不可让与别人。

华民护卫司署也完善对儿童特别是女童的保护。法律规定，5—15岁儿童不得居留于妓院，因此他们通常被安置在私人家庭。然而，这些家庭环境糟糕，孩童们在这种环境中容易受到不良影响，这可能导致他们难以遵守法律，特别是女童。1896年第17号令即《巩固妇女和女童保护令》，授权华民护卫

① JARMAN L., *Straits Settlements Annual Report 1855—1941* (*Volume 4*), (London: Archive Editions Limited, 1998), p.228.

司营救任何妓院中不满16岁的女童，将其安置到保良局，直至年满18岁或者对其作出更有保障的安排。对被虐待儿童的保护也是华民护卫司署关注点，从诸多新闻报道看，主要是华人妇女虐待儿童。如1924年1月10日，新加坡华民护卫司向地方法庭控告3位华人妇女虐待儿童，法官分别对这些妇女罚款25—250叻币不等[①]。1927年1月12日，槟榔屿助理华民护卫司控告一位华人妇女虐待一个6岁的儿童，并提供医院开具的严重虐待证明，最终该妇女被判以6个月监禁[②]。华民护卫司署还监督华人雇用童工情况。如在1922年11月，怡保一家华人戏剧院被当地华民护卫司阻止使用华人女童演员进行表演，并向怡保警察法庭控告戏剧院，戏剧院因此被判罚款50叻币[③]。

华民护卫司被授权检查任何可能藏有被欺骗或者隐藏女性的船只、房屋、建筑物或者其他地点。该法令扩展了华民护卫司署在保护华人妇女和女童方面的职权，但并未对“自愿”卖淫的妇女移民施加任何限制，同时妓院合法地位并未受到影响。直到1927年，在各方压力下，特别是须遏制性病在殖民地蔓延，殖民地政府才禁止以卖淫为目的的女性移民，同时采取措施限制妓院的发展。具体而言，只允许“高级妓院”存在，“低级妓院”被取消执照并关闭。“低级妓院”里的妇女或

---

① “Police Courts,” *Malaya Tribune*, January 11, 1924, p.6.

② “Cruelty to a Child,” *The Singapore Free Press and Mercantile Advertiser* (Weekly), January 12, 1927, p.19.

③ *Malaya Tribune.*, November 7, 1922, p.7.

是结婚，或是自寻其他职业，或是转入“高级妓院”。到1930年，所有妓院被关闭，但是娼妓仍然合法。华民护卫司署在警察局配合下，解救被拐卖妇女、取缔全部妓院。

随着“妇女助理华民护卫司”一职的设置，对华人妇女和女童保护方面的职责更多地归于该职位。如在1933年11月，新加坡妇女助理华民护卫司向第二法庭起诉一名中年华人妇女虐待儿童，指责这名后母的行为“非常恶劣”，最后该妇女被判罚款500叻币。

尽管华民护卫司署对华人妇女从事娼妓业的监督体系逐步完善，但这一陋习未能从根本上杜绝。在20世纪之前妓院的数量和从事卖淫的华人女性人数越发增多。以新加坡为例，到1888年有235个妓院、2124名妓女，当年有1218名来自中国的移民妇女登记“自愿”从事卖淫[①]。在1889年新加坡有妓院2067家、槟榔屿有妓院1445家、马六甲有妓院120家、威省有妓院41家[②]。吉隆坡华人甲必丹甚至还雇用了300名妓女，官方报告也指出该地为妓女提供的住所条件极为恶劣。1892年，该地人口为2.5万人，其中有829人为妓女（几乎全部为华人），分别在45个被登记妓院[③]。面对声称“自愿”从

---

① R.N.Jackson，*Pickering*：*Protector of Chinese*（Kuala Lumpur：Oxford University Press，1965），p.98.

② “Annual Report on the Chinese Protectorate.，Singapore，for the year 1889，” *Straits Times*，April 29，1890，p.10.

③ R.N.Jackson，*Immigrant Labour and the Development of Malaya 1786—1920*（Kuala Lumpur：Government Press.1961），p.52.

事这一行业的妇女不断增长的局面，华民护卫司署难以有所作为。鉴于华人社会性别极端不平衡，卖淫业仍然有着强大的需求，通常被视为“必要的罪恶”。在1927年全面禁止开办妓院之前，殖民地政府、华民护卫司署和各地保良局对此的基本态度是容忍和有限控制。但华民护卫司署的工作，对于保护华人妇女被拐卖、保护从事卖淫业妇女的身体健康并改善其工作处境等起到较大作用。此外，由于娼妓业与华人秘密会党、吸食鸦片等紧密关联，对此进行规范有助于减少这些社会问题带来的不良影响。

自1927年起，殖民地政府开始对妓院执行严厉镇压政策，大规模缩减妓院数量，护卫司署则联合警察局从妓院营救被拐卖、被贩卖的妇女，这些妇女大部分被遣送到保良局。虽然殖民地政府和华民护卫司署在20世纪20年代末全面打击妓院，但在世界经济危机冲击下，大量华人妇女难以谋生，其中一部分人仍不得不从事隐秘的卖淫活动。

## 第三节　整顿华人秘密会党

华人秘密会党问题是马来亚华人族群的顽疾和治安的核心，是华人内部利益冲突的关键，也是马来亚各州华民护卫司署在20世纪之前面临的主要问题，因此极为棘手。华民护卫司最大职责仍是统治华人，而有效统治华人的关键是了解与掌控华人秘密会党。因为华人秘密会党涉及华人社会方方面面，包括移民、劳工、娼妓、赌博、吸食鸦片等。从1877年华民护卫司署成立起，其年度报告均重点汇报华人移民情况和华人秘密会党活动，详尽的数据为海峡殖民地政府更好地了解华人社会提供参考，也是制定治理和控制华人社会政策的依据。华民护卫司署对华人秘密会党的态度取决于殖民地政府，但其亦在其中扮演独特角色。以1889年《社团条例》为分水岭，华民护卫司署对华人秘密会党的整顿经历从抑制到全面取缔的转变。

### 一、抑制华人秘密会党与规范华人社团（1877—1889年）

由于英国殖民政府在华人社会根基薄弱，华人秘密会党被官方认为是控制华人最有效的工具。在此阶段，华民护卫司署有限容忍华人秘密会党，在一定程度上认可其维持华人族群执行功能的前提下，削弱其权力，淡化其对华人族群的控制和影响，剥夺其作为仲裁者等的身份，达到控制与削弱目的。

整顿华人秘密会党的第一步是全面掌握华人秘密会党的相关情况，为此首先执行社团登记制度。其依据是1869年《危险社团镇压条例》，根据该条例，华人秘密会党的登记工作由警察局负责，华民护卫司署成立之后由其接替，由华民护卫司或者助理华民护卫司充当社团登记负责人。毕麒麟整顿华人秘密会党分为三个步骤：一是充分掌握华人秘密会党信息；二是利用华人头目维持华人社会的秩序；三是协助解决华人秘密会党的争端。在毕麒麟担任新加坡华民护卫司期间，要求全部秘密会党重新在其所在区域进行注册，登记内容包括成员生平、资历和职业等。划分若干区域并委任头目管理辖区内的华人秘密会党成员，头目需维持管辖范围内的秩序，否则可能面临处罚乃至被驱逐出境，如此一方面任意成员总能通过头目被找到，另一方面毕麒麟认为可推动头目之间形成联动。驱逐华人秘密会党首领是华民护卫司署处理华人秘密会党非法活动的重要手段，由华民护卫司署转呈至辅政司批准便可生效（1932年外交修改条例颁布之后便无须经辅政司批准）。相对于判刑等方式，驱逐对首领威胁更大，被驱逐意味着失去权力和利益，离境后处境更为不堪。因此驱逐条例被认为是政府赖以维持会党世界和平的主要依据[①]。此举效果显著。毕麒麟在1877年年度报告中指出，马六甲已证实驱逐条例对华人秘密会党首领的威慑效果。在随后一年的年度报告中，毕麒麟扬扬得意地写道，华人秘密会党首领"在协助政府应付华人底层方面提供了很大的帮助"[②]。1885年的年度报告中，毕麒麟再次对驱逐条例加以肯定，"警察局官员和护卫司无论有着多么丰富的经验，熟悉会党首领或者了解汉语方言可能都会对控制华人秘密会党有帮助，他们必

---

① 威尔弗雷德·布莱斯：《马来亚华人秘密会党史》，邱格屏译，中国社会科学出版社，2019，第8页。

② 转引自Johnna Noel Lash，"*British Perceptions and Interventions*：*British Malaya and the Rise of Chinese Influence*"（Washington State University Masters of Arts Thesis，2011），p.101.

须得承认他们最有力的武器就是驱逐条例，驱逐条例尽管被保守使用，但总被证明是一件特别武器”[①]。雪兰莪华民护卫司在报告中提及，1902年本州共有7名惯犯、5名危险分子、2名华人秘密会党领袖被驱逐，并且自执行驱逐条例以来，本地已较少发现新建的华人秘密会党支部。此举促使华人秘密会党头目唯有与华民护卫司署合作以维持自身利益。此外，毕麒麟还充当华人秘密会党纠纷的仲裁者，调解华人秘密会党间的争端，推动秘密会党争端处理的规范化与程序化，这也许是护卫司署为使得公众相信政府存在的最为实际与有效的行为[②]。

1879年海峡殖民地的数据显示，新加坡、槟榔屿和马六甲华人秘密会党的数量分别为10个、6个和5个，相应成员人数分别为2.3万、3.9万和0.3万。新加坡华民护卫司在年度报告中也指出，其对华人秘密会党再登记于1879年1月完成，各会党首领均积极回应，登记在册会党总人数为1.79万，而在1878年有0.38万人加入。登记制度的有效执行，是殖民地政府对华人秘密会党及社团等组织严密监督的开始。

鉴于1869年《社团条例》未有效抑制华人秘密会党活动，1882年修订条例和1885年修订条例对其进行调整。1869年《社团条例》缺陷之一是，越来越多不受条例制约的非华

① 威尔弗雷德·布莱斯：《马来亚华人秘密会党史》，邱格屏译，中国社会科学出版社，2019，第202页。

② R.N.Jackson，*Pickering*：*Protector of Chinese*（Kuala Lumpur：Oxford University Press，1965），p.79.

人加入华人秘密会党并日渐活跃（土生华人不能被驱逐出境，也免于被处罚）。1882年修订条例旨在限定加入秘密会党的成员资格，规定华人秘密会党成员只可限于在中国出生的华人，意味着非华侨、英国籍人士、海峡侨生华人被从法律层面排除在华人秘密会党组织之外，如吸纳上述性质成员的华人秘密会党则被认定为非法。此外，如华民护卫司认定一个华人秘密会党威胁到公共秩序，便可对其镇压。1882年修订条例意味着华民护卫司署被授予镇压华人秘密会党的权限，表明殖民地政府对华人秘密会党问题开始采取严厉措施。1896年新加坡华民护卫司署在取缔一个非法社团时，驱逐当中的土生华人，而侨生华人也在最高法院受到审判。

1884年11月，华民护卫司署与警察局联合提交备忘录给殖民地总督C.史密斯，宣称现存的注册和登记制度已经很好地阻止三合会等变得更危险，使其在治理华人层面更好地为政府所用，对其采取立即镇压的政策，其后果将是灾难性的。但C.史密斯仍然执着于尽快取缔华人秘密会党。1885年修订条例则是对1882年修订条例的微调，其主体仍然是1869年社团条例。新规授权政府禁止非土生华人、曾经被惩罚的华人加入华人秘密会党。政府自1885年起每年均在海峡殖民地政府宪报公布华人秘密会党的名单。如1885年公布的华人秘密会党名单中，包含新加坡20个、槟榔屿9个和马六甲9个。1885年修订条例释放了全面镇压华人秘密会党的讯号，不过“虽然殖民地政府意图最终解散华人秘密会党，但使用的方法和程序尚未明晰”。

1885年修订条例颁布后，政府意识到对华人秘密会党成员的限制或者登记，均难以达到预期效果，反而致使华人秘密会党成员人数剧增，如在1885—1888年间，新加坡华人秘密会党人数从4.9万增加到6.5万，包括海峡华侨、马来人、印度人等族群仍然不断加入华人秘密会党，被宣布非法的华人秘密会党要么换一个名字重新出现，要么转为地下活动。

尚有一些州的华民护卫司署和警察局不积极打击华人秘密会党，在马来联邦尤甚。1884年，新加坡代理华民护卫司鲍威尔根据新加坡高级法庭华人翻译官张本新提供的资料，向殖民地秘书部报告雪兰莪州当时有华人秘密会党的活动，遭到时任雪兰莪华民护卫司和警察局局长的否认，但随后却多次在雪兰莪发现华人秘密会党的活动。考虑到雪兰莪州当时仍为政府与甲必丹共同治理，华人秘密会党没有明显威胁政府的统治秩序，政府也不得不默认如此情形。霹雳州与雪兰莪州也否认存在华人秘密会党，按霹雳州驻扎官瑞天咸所说：“霹雳没有华人秘密会党，就我所知，这样的会党是禁止存在的……雪兰莪也没有这样的会党，我认为吉隆坡的某些派别有自己的公司总部，那就相当于我们的招待所。”[①]但霹雳华民护卫司谢伍兹经过多年调查，在报告中确认三合会分支广泛存在的事实及其制造诸多暴动的情况。

① 威尔弗雷德·布莱斯：《马来亚华人秘密会党史》，邱格屏译，中国社会科学出版社，2019，第245页。

## 二、全面镇压华人秘密会党（1890—1933年）

19世纪80年代后期，华人秘密会党逐渐在华人社会丧失威信，无法继续发挥维护华人族群的社会秩序功能。加上华人秘密会党本身难以控制新加入成员身份、表面上的友好社团越发显示出危险性、被镇压的华人秘密会党转为地下活动等，说明以控制华人秘密会党首领进而控制华人社会的治理模式已经失效。此外，随着警察局等政府机构的壮大和职业官员的增加，殖民地政府对华人族群直接治理能力的提升，全面镇压华人秘密会党成为必然。在1887年的年度报告中，即毕麒麟被袭后数月，其仍坚持华人秘密会党秩序良好。虽然他也意识到华人秘密会党仍具危险性，最终必须镇压，但其不主张突然而严厉的镇压。

1887年，金文泰担任海峡殖民地总督，把治理华人秘密会党的经验移植至马来亚。金文泰认为马来亚的华人秘密会党“对任何好政府来说都是明显的威胁，对英国政府而言则是巨大的丑闻”[①]。金文泰对马来亚华人秘密会党的定性从合法转向非法，得到英国方面的赞同与支持，推动1889年12月30日在立法会议通过的1890年正式生效的《社团条例》，最终结束华人秘密会党控制华人族群的局面。该条例规定会党为非法组织；一切关于会党的秘密标志、神主、账簿、登记

① C.M.Turnbull，*A History of Singapore 1819—1988*（Oxford：Oxford University Press，1989），p.87.

册，均需在华民护卫司署等部门面前公开销毁；重罚加入华人秘密会党、协助组织非法社团、为非法社团提供场地等行为。此外，凡是10人以上的集会均被视为结党行为，需按规定进行登记；任何社团如未向华民护卫司署进行登记并获批准，便被认定为非法；华民护卫司有权解散或取缔任何社团。以消遣、慈善、宗教、文学为成立宗旨的社团，可备好相关文件向华民护卫司署申请豁免。1889年末，新加坡注册会党有20个，其会员总数约为6.8万人；槟榔屿注册会党有10个，其会员总数约为11.3万人；马六甲注册会党有3个，其会员总数为0.7万人[①]。根据此条例，新加坡10个、槟榔屿5个、马六甲3个会党立即被认定为危险会党，于1890年6月在华民护卫司见证下被解散[②]。1897年，新加坡华民护卫司埃文斯在其年度报告中带着欢欣鼓舞的语气宣告，对危险社团的镇压与管理进展顺利，完全可以断言，现在已经没有任何社团可以威胁殖民地的和平秩序了。虽然在华人聚居之处仍会一直存在许多带有非法目的的社团，他们的宗旨与殖民地的和平与良好秩序不相容。这些社团需要受到华民护卫司署经常监控，以确保其维持在安全的限度内活动，如有破坏秩序则依法对其逮捕。

---

① 威尔弗雷德·布莱斯：《马来亚华人秘密会党史》，邱格屏译，中国社会科学出版社，2019，第575-576页。

② Ng Siew Yoong, "The Chinese Protectorate in Singapore, 1877—1900," *Journal of Southeast Asian History*, Vol. 2, No. 1 (1961), p.94.

作为社团注册官，华民护卫司对社团注册或者信息更改等把关严格，防止其成为华人秘密会党发展的温床。槟榔屿嘉应会馆原注册名为“嘉应馆”，该馆理事意图向华民护卫司署申请改名为“嘉应五属会馆”，不被华民护卫司署批准，理由是如此“有背原日注册”[①]，后经过华民护卫司署官员调解，于1925年批准其更名为“嘉应会馆”。华人社会经济活动的诸多方面也需要华民护卫司署许可。如到1882年，霹雳华民护卫司署已把商业公司登记制度推广至全霹雳。华民护卫司署引导华人社会致力于发展文化福利等事业，如雪兰莪社团注册官致函华民护卫司，1929年建议批准中华药商工会、1931年建议批准巴生华人体育协会等。免注册社团占越来越大的比例，1889年《社团条例》生效当年，新加坡、槟榔屿、马六甲分别有52个、18个和6个被免于登记的社团，均为娱乐、慈善、宗教、文学等性质的团体[②]。1915年槟榔屿华民护卫司署在年度报告中提及，当年新增6个免注册社团、4个注册社团，并有5个社团被取缔[③]。社团注册官不仅负责注册事宜，对华人社团、会馆等方方面面事务均加以指导和管理。甚至社团组织募捐活动，也需华民护卫司署许可。如1933年

① 转引自余汶慧：《战前的槟城华团研究——以槟城嘉应会馆会议记录为依据（1921年—1937年）》，硕士学位论文，拉曼大学，2020，第10页。

② 威尔弗雷德·布莱斯：《马来亚华人秘密会党史》，邱格屏译，中国社会科学出版社，2019，第228页。

③ JARMAN L.，*Straits Settlements Annual Report 1855—1941*（*Volume 7*），（London：Archive Editions Limited，1998），p.18.

11月中旬，福建省政府函请雪兰莪福建会馆捐助省内灾民，雪兰莪福建会馆于11月18日开会决定向华民护卫司署请求批准以便推进，并公举三人与华民护卫司署接洽。

华人秘密会党产业的处置是取缔华人秘密会党后需面临的问题。在新加坡和马六甲，华人秘密会党较少有剩余财产。在槟榔屿，1890年5个被解散会党的拍卖财产总计超过10万叻币，这笔款项被交到高等法庭。可见，交由高等法庭处置为华人秘密会党财产的处理方式之一。另一种处理方式则是用作公益赠送。柔佛1915年第2号法令规定，被解散会党的资产用于购买地产的，收入归当地中文学校支配。如在1891年，槟榔屿华民护卫司伊文思在报告中提及，义兴公司的数千叻币被用于慈善机构和学校，其中大英学校、贫民医院、齐里杰岛麻风院均得到2000叻币。但更常见的处置方式是，要求华人秘密会党在限期内把财产分配给成员，否则将面临被拍卖。

全面镇压华人秘密会党迫使诸多华人秘密会党转向地下活动，从而增加了管控难度。正如报纸指出："之前是半秘密状态的，如今成为完全秘密的了，因此与这些非法团体打交道的难度增加了10倍。"[①]原因之一是华人秘密会党转为"友好会党"后，其首领便无须面临严厉监控，也不需要为成员

---

① "The suppression of Secret Society," *Straits Maritime Journal and General News*, September 16, 1896, p.3.

行为过多负责。此时马来亚华人秘密会党的活动，并未因华民护卫司署的打击陷入困境，相反，其活跃度有增无减，特别是规模仍然不断发展壮大。据官方1890年11月统计，新加坡有华人秘密会党10个，6.8万名成员；槟榔屿有华人秘密会党5个，11.3万名成员；马六甲、马来诸邦不详[①]。据1950年《光华日报》记载，海峡殖民地的在注册华人秘密会党人数，1881年为8万人，到1888年增长至15万人。维多·巴素对注册制度引发此局面的情况斥为“一场闹剧”。

虽然华人秘密会党在华民护卫司署与警察局联合打击下由公开转向地下，并且其活动也有所收敛，但直到20世纪20年代，华人秘密会党依然是这两个部门的重要关注领域。因此，1905年雪兰莪华民护卫司署取缔一个10多人的华人秘密会党后，有报纸指出，此类案件表明旧式危险社团并未灭绝，在没有懂汉语的欧洲官员的地区，难以获取有效信息并采取行动，这样的社团必然对公众秩序造成巨大威胁。霹雳近打助理华民护卫司在1896年报告中指出，当地70%华人属于义兴社成员。马来联邦华民护卫司署在1907年的报告中也提及，当年共驱逐了263名会党成员，其中包括霹雳州152人和雪兰莪州85人[②]。而在柔佛，政府长期没有对华人秘密会党

① L.F.Comber, *Chinese Secret Societies in Malaya: A Survey of the Triad Society from 1800 to 1900*（New York: J.J.Augustin Incorporated Publisher Locust Valley, 1959）, p.265.

② “Chinese Affairs in the F. M. S.” *Straits Echo*, September 19, 1908, p.9.

采取措施，直到1915年控制华人秘密会党的法律才生效。1923—1930年由华人秘密会党引发的抢劫、谋杀、袭击警察等犯罪活动出现一个小高峰，因此新加坡警察局在1921年11月直言形势已经不可控制。

但在该时期，华民护卫司署与警察局对华人秘密会党的认知出现明显分歧。华民护卫司署相对倾向于淡化华人秘密会党犯罪问题的社会影响，如1930年新加坡爆发潮州帮、广府帮和福建帮的3个会党大械斗，华民护卫司署认为此事件并不严重，警察局却认为此为严重事故，需采取严厉打击措施。不过华民护卫司署仍较为关注华人秘密会党事宜，如1917年7月霹雳华民护卫司查普曼向法院控告太平镇一位华人，指控其藏有三合会或者其他华人秘密会党的文件资料，并且是华人秘密会党会员，该华人被判罚款300叻币或者6个月监禁。1933年12月31日，新加坡华民护卫司署将治理非法会党的职能正式转交给警察局，后者成为侦查、调查、治理华人秘密会党的主力，结束了两个部门共同管理华人秘密会党的历史，也有利于统一、高效处理华人秘密会党问题。但华民护卫司仍充当社团注册官，对会党的登记事宜还有较大影响。此外，警察局的华人翻译官也被派往华民护卫司署工作，以便获取更多与华人秘密会党相关信息。

## 第四节　华民护卫司署对华人社会其他问题的治理

在20世纪之前，华民护卫司署还需处理华人社会的赌博、吸食鸦片、酗酒等问题。由于赌博业、鸦片业和酒业与殖民地政府财政收入、立法委员会成员利益息息相关，导致在立法层面对这些问题的态度摇摆不定。作为执行机构的华民护卫司署，在对其他处置上也因此有所变化。

### 一、处理赌博问题

随着殖民地政府和华民护卫司署处理华人秘密会党问题、移民劳工问题和娼妓问题，会党成员因收入来源缩减，转而涌向赌博业。虽然1879年普通赌场条例的颁布表明政府开始对华人赌博问题加以干涉，但效果有限。随着对移民、华人秘密会党和娼妓的治理迈上正轨，毕麒麟开始着手处理赌博问题。毕麒麟指出赌博引发严重的社会秩序问题，并且与华人秘密会党存在高度的利益纠葛，必须对此采取严厉措施：赌博是新加坡和平的危险……没有别的事物像它那样在华人秘密会党之间引起更多的争执和忌妒，他们为追求巨大的利益而在海峡殖民地竞相建立赌馆[①]。在1885年华民护卫司署年度报告中毕麒麟提及，他在新加坡华人社区行走一刻钟，便路过了70个赌博

---

① 颜清湟：《新马华人社会史》，粟明鲜等译，中国华侨出版公司，1991，第227页。

窝点，每个窝点都雇佣党徒招揽顾客。在毕麒麟等人努力下，殖民地政府于1886年成立委员会调查此问题。调查报告认同毕麒麟关于华人赌博盛行及其危害的观点，指出华人秘密会党深度介入赌博领域。更严重的是，在新加坡和槟榔屿都出现了被“腐蚀”的警察局官员，让其纵容赌博的现象。1888年5月1日生效的新加坡《赌博新章》规定：凡开设赌馆不论已开几次，均作开设赌场论处，罚银3000叻币或拘禁一年；参与赌博者罚银25叻币；邀人赌博者罚银3000叻币或拘禁一年；以赌为业之人，如非英国籍人士可驱逐出境。在新加坡设立专门负责赌博问题的赌博管制局，由警察局和华民护卫司署主要负责打击赌博，清除赌博窝点。新加坡华民护卫司在1893年根据一般赌场条例批准驱逐了12名赌场头目[①]。但华民护卫司署和警察局显然难以控制公共赌博问题。一是因为还有部分州尚未禁止赌博，如柔佛，成为赌徒新的聚集地；二是因为一些赌场从公开转入地下，兴起种种巧立名目的私设赌场。

此外，华人妇女赌博之风的盛行亦增添了禁赌的困难。一份新加坡英文报纸在1897年8月提及，政府允许黑尔离开新加坡华民护卫司署是错误的，因为随着他离去，新加坡华人赌博之风复燃，特别是在中产阶级和富裕妇女之间兴起了一种名为“十二支”的赌博形式，这些妇女每10人中便有8

① 威尔弗雷德·布莱斯：《马来亚华人秘密会党史》，邱格屏译，中国社会科学出版社，2019，第232页。

人参与赌博，对自身和亲属均造成巨大伤害[①]。新加坡华民护卫司埃文斯在其年度报告中也提及，从柔佛传入新加坡的“十二支”赌博在侨生华人妇女当中十分盛行，引发诸多家庭矛盾。槟榔屿华民护卫司署在1905年的年度报告中也指出妇女赌博问题及其应对困难性。1909年4月，新加坡华民护卫司皮科克在第三地方法庭起诉了一名赌徒，控诉其把自己的房屋作为赌博据点，开展“十二支”赌博。皮科克在经过该赌博据点时，听到一位华人妇女用中国语言叫喊数字，进去后发现数人手执纸牌赌博。房屋主人被指控为该事件第一负责人，判决罚款300叻币或者执行3个月苦力劳动[②]。

## 二、逐渐规范鸦片销售

华民护卫司署对待华人吸食鸦片陋习的态度与殖民政府一致。槟榔屿华民护卫司署在1882年的年度报告中指出，华人成年男子吸食鸦片比重为20%，人均每年花费80美元，而一个普通劳工每月的工资为10美元，但报告却认为这些开支与收入比是平衡的[③]。20世纪初槟榔屿、马六甲华民护卫司署的年度报告多次提及考察当地鸦片农场。1903年6月，槟榔屿华民护卫司巴恩斯与部分华人领袖会晤，商讨提高鸦片价

---

① “Gambling on the Increase,” *The Singapore Free Press and Mercantile Advertiser*（Weekly），August 24，1897，p.2.

② “Chap Ji Ki,” *The Straits Times*，April 28，1909，p.7.

③ JARMAN L.，*Straits Settlements Annual Report 1855—1941*（*Volume 2*）（London：Archive Editions Limited，1998），pp.540-541.

格。随即巴恩斯向总督提交请求，希冀政府大幅提高鸦片价格，限制鸦片种植与制作规模[①]。

国际反鸦片运动的兴起与马来亚华人民族主义情绪在20世纪初的高涨，促使殖民地政府采取应对措施。马来亚华人有识之士把“东亚病夫”与鸦片相联系，在新加坡和马来西亚掀起反鸦片运动，并于1907年3月在怡保召开了第一届反鸦片会议，引发巨大社会反响。英国反鸦片运动在19世纪末20世纪初达到高峰，自由党政府也表达了与中国合作控制鸦片贸易的意愿。1907年7月9日，英国政府在海峡殖民地成立一个由6人（5人为欧洲人）组成的调查委员会，在1908年该委员会出版3卷调查报告。报告虽然也指出华人盛行吸食鸦片的恶习，但否认吸食鸦片的严重后果，只是建议取缔鸦片种植庄园、禁止在妓院吸食鸦片、禁止妇女进入烟馆、不可向妇女和18岁以下的儿童销售鸦片，还建议政府取代农民负责鸦片的制作和零售。调查委员会实质上意图以此为契机，由政府主导鸦片的生产与销售，获取更大利润。根据调查委员会建议，新加坡、槟榔屿、马六甲的鸦片农场自1910年1月起转由政府专卖局经营，柔佛、雪兰莪、霹雳、玻璃市的鸦片农场在1911年1月，纳闽的鸦片农场在1913年1月也相继为政府专卖局管理。

1907年3月初槟榔屿华民护卫司在《槟城公报》发布一

---

① “The Opium Farms,” *Straits Echo*, June 17, 1903, p.2.

则公告，告示华人需注意以下谣言：一是所有吸食鸦片者需在6个月内戒掉此嗜好，否则将会受到严厉惩罚；二是6个月后不再进口印度鸦片。公告还批评反鸦片协会的活动与主张，指出：众所周知，大部分吸食鸦片者看待鸦片就如同英国劳工看待啤酒，工匠或者小贸易商人看待玻璃瓶装的烈酒一样；只有极少数沉溺于吸毒的人，就如只有很小部分酗酒的欧洲人，才会成为其家庭和社会的负担①。但规范管理鸦片销售店已成为趋势。在1907年5月初，槟榔屿华民护卫司将鸦片销售店店主聚集在华民护卫司署开会，告知其随着街道成排的新房屋在6个星期后建成，彼时将会严格执行《鸦片商店法》第5条，即除了持有执照的商店之外，其余商店必须全部关闭。在1909年2月新加坡华民护卫司向第四地方法庭控告一名鸦片销售店店主，因在后者的店铺里发现了一位非法逗留的不满14岁的男童。虽然店主辩称该男童父亲在店里吸食鸦片而他在后厨对此一无所知，但第四地方法庭最终判处其缴纳罚款20叻币及相关诉讼费用。华民护卫司署安排专门人员负责管理鸦片事宜，从槟榔屿华民护卫司署1904年1月发布在《亦果西报》的一则招聘广告可知，该署需要一位鸦片专员，要求是掌握英文和中文，薪水为每年600叻币。1934年底，海峡殖民地停止所有吸食鸦片者的登记工作，鸦片不允许用于医药之外的目的。

① "Opium," *Straits Echo*, March 15, 1907, p.4.

# 第四章

# 20世纪初至1933年华民护卫司署的职能扩展

自20世纪初起，华民护卫司署的职能重点有所转换，从华人族群的“护卫者”转变为“监督者”。具体而言，虽然华民护卫司署仍处理华人的移民、华人秘密会党、妇女、赌博、吸食鸦片等事宜，但上述事宜经过多年管理已不如早期迫切，到20世纪初，其运行已然常规化，无须额外投入更多的精力。随着中国革命形势的变化和马来亚华人民族主义的高涨，华民护卫司署的职能重点变为从政治、文化等层面防范华人民族主义的发展，扮演华人政治文化活动“监督者”的角色。在第一次世界大战结束后，华民护卫司的职责似乎是必须重点关注华人居民的政治活动，因此其实质上转变为类似政治代理人的角色，以监控华人社会的活动。在防范、监控华人民族主义的同时，由华民护卫司署管辖的新设机构——华人参事局，为华人参与政治提供有限空间。此外，华民护卫司署亦更多地参与华人社会的经济生活及福利保障领域，可视之为前阶段“护卫司”角色的拓展。马来亚诸州华民护卫司署职能的范围扩大与重点转变，表明殖民地政府在面对华人社会发展新形势时，执行防范与抚慰相结合的策略，意图掌控华人族群。

从历年海峡殖民地年度报告来看，清政府侨务政策的颁布，引起殖民地政府对马来亚当地华人政治认同的关注。1910年海峡殖民地年度报告指出，清政府的侨务政策导致马来亚华人对祖籍国关注的提高，上层富商通过向清政府捐款以获取爵位、提升在当地的影响力成为普遍现象。20世纪20年代前后，随着中华民国政府以及中国国民党等对马来亚华人社会的影响越发深刻，英国殖民地事务部在调研华人社会的政治理念后指出，大部分华人移民对英国政府持中立态度，对当地社会发展、英国统治的关注少于对中国的关注，主要原因在于对中国的心理依赖。华人社会这些政治取向引起英国殖民事务部和马来亚殖民地政府的关注，管控发轫于中国的政治团体在马来亚开展的民族主义活动，是华民护卫司署需面临的新挑战。华民护卫司署的应对分为两个方面：一是引导华人社会领袖精英有限参与官方的政治生活，其中典型为华民护卫司署领导下的华人参事局；二是监督、压制华人族群的民族主义思想与活动，防范其威胁英帝国的殖民统治。这两个方面的措施共同展现了华民护卫司署在华人社会采取“糖果与炮弹”相结合的治理策略。

## 第一节　华人参事局与华民护卫司署

镇压华人秘密会党是华民护卫司署弱化华人首领影响力的第一步，随后的重建工作则是第二步，华人参事局是关键。华人参事局“真正树立起了政府的权威，以华人社会中正面而具有现代性的首领取代秘密会党首领的地位，使这些首领成为殖民政府的助手和地方官员，并在两者之间建立起正常的政治法律关系”①。华人参事局的成立是华人社会、英国政府和殖民地政府共同推进的结果。早在1888年12月19日，一位名为陈恭锡的土生华人在《海峡时报》刊文，建议设立一个委员会就一切关于华人的事务向政府提供建议和帮助。英国方面在1889年1月也向殖民地总督C.史密斯建议，设立一个包括殖民地华人领袖、可能含有若干欧洲人的咨询委员会。C.史密斯随即呈递关于在新加坡设立华人参事局的草案，于1889年12月20日公布该机构的职责、人员构成。

为达到镇压华人秘密会党之目的，在殖民地政府的统治力量不足情况下，需要华人领导的支持，在政治层面向其提供若干利好成为必要之举。在组织原理上，华人参事局和广福宫与平章公馆也相去不远，主要目的是填补华人秘密会党所遗留下来的虚拟权力真空。当地报刊在华人参事局设立后

① 李路曲：《新加坡现代化之路：进程、模式与文化选择》，新华出版社，1996，第61页。

也评论道，华人秘密会党在控制华人方面留下的空白，如今被一个更具影响力且公开运行的合法机构取代，这一机构将对华人社会及政府有无可估量的价值。华人参事局的设立，是英国殖民地政府促使华人各帮派领袖合法化的重要举措，也是控制华人领袖、培养华人精英并引导华人认同英国统治的方式。此外，随着新加坡和马来西亚的华人人口的增加，特别是经济实力和社会地位的增强，殖民地政府需要在政治上争取华人精英尤其是商业精英的支持。首个华人参事局于1889年12月20日在新加坡设立，并于1890年2月召开了第一次会议。槟榔屿在1890年成立华人参事局；马六甲直到1915年才设立华人参事局，由海峡殖民地华民护卫司担任主席，马六甲助理华民护卫司担任副主席。

根据新加坡华人参事局的早期管理制度，华人参事局原则上每月在华民护卫司署召开一次会议。在特殊情况下，如果总督批准并在至少3天前进行公示，会议还可以在其他地点举行。主席（即华民护卫司）逐一告知居住在新加坡的成员关于会议的日期、时间、探讨事项等。如果成员欲提交议案进行讨论，需至少提前4天呈递给主席。主席有权随时召开紧急会议进行讨论。每位成员均有1票投票权。

人员构成方面，除了华民护卫司为当然主席，助理华民护卫司担任秘书或者副主席，这二人是官方委派代表。华人参事局中的华民护卫司署官员也逐渐增加，如到1932年，霹雳华人参事局主席为马来联邦华民护卫司，副主席为霹雳华民护卫司，此外霹雳助理华民护卫司、太平助理华民护卫司均是华人参事局委员会委员；雪兰莪华人参事局委员会也有3名华民护卫司署官员。成立华民政务司署之后，由华民政务司担任华人参事局主席，各地的华民护卫司担任华人参事局副主席。

作为华人参事局主席或者副主席，华民护卫司并非仅挂名，也参与到诸多具体事务当中。1921年4月，雪兰莪与内格里华民护卫司考吉尔致信吉隆坡的报纸，宣布将于4月27日召开华人参事局会议，会议旨在为吉隆坡及周边地区日益增加的贫困和老年华人筹集基金，并为弱势群体提供返回中国帮助。因此，他呼吁各方慷慨解囊、踊跃捐款。

华人参事局各位成员均由各帮派选举、经官方委任之后产生，成员名单通常公布在《政府宪报》。新加坡华人参事局第一届成员共12人，其中福建帮代表5人、潮州帮代表4人、广府帮代表2人、海南帮代表1人；到1905年华人成员共19人，福建帮、潮州帮、广府帮、客家帮和海南帮的代表，分别为6人、5人、4人、2人和2人[①]。再如，陈剑虹的《走进义兴公司》记载，1890年3月7日公布的槟榔屿首届华人参事局各帮派代表数量如表8所示：

---

① 危丁明：《香港孔教》，宗教文化出版社，2016，第46页。

**表8　1890年槟榔屿首届华人参事局各帮派代表数量**

| 各帮派代表 | 人数 |
| --- | --- |
| 广东帮代表 | 4人 |
| 客帮代表 | 2人 |
| 潮州帮代表 | 3人 |
| 闽帮代表 | 8人 |

资料来源：笔者根据相关资料整理而成。

华人参事局各帮派代表人数的分配，表明华人社会的帮权结构加强，是殖民地政权主导的权力与地位的实际科层化。作为华人参事局成员，虽名为华人族群利益的发言人与保护者，但无处不受制于政府，更多仅是充当政府对华人政策的咨询者。

华民护卫司署偏爱委任华商充当华人参事局成员。学者杨进发指出，新加坡华民护卫司署推选华人参事局成员的标准是年高德劭、老成持重的长者，思想不偏激，具有社会地位和影响力；反对由年轻与激进者担任。他考察了历届华人参事局成员的出身后得出结论：第一次世界大战前华人参事局成员大多是商界、各帮派的领袖。槟榔屿华人参事局第一届委员共17人，分别来自广东帮、闽帮、客帮、潮州帮。成员在原则上是终身的，但可随时辞职，政府亦可随时取消任何成员的委任资格。一般而言，各个州华人参事局的成员人数不固定，取决于不同时期华人参事局章程的限制。但也有对槟榔屿第一届华人参事局成员表示不满的声音，因为名单当中诸多成员于华人社会而言相当陌生，此外还有3人以种植或贩卖鸦片闻名，违背华人参事局为华人底层阶级向政府发声的初衷，该华人参事局的价值也必将大打折扣。有人认为应由华人社会自身选举产生华人参事局成员，而不是由政府任命。

新加坡华人参事局会议讨论主题范围如下：

> （1）立法；总督颁布的法规和条例；仪式和礼节。（2）与华人社会紧密相关部分。（3）与促进华人教育紧密关联的。（4）为贫病之华人给予救助的计划。（5）任何事件，华人社群的成员可提请该部调解……（6）任何与华人社群成员有关的个人困难的案件，可寻求该部的协助，以期提请政府对该案件的注意。[①]

雪兰莪华人参事局的目标为：协助政府讨论涉及华人社会大众利益的立法、一切改善贫苦或患病华人的方案、促进教育或者慈善的计划、出于公众目的提高集体捐助额度的提案，以及其他任何由华人转交给华人参事局的事宜。

可见，华人参事局的职能广泛，涉及华人群体的社会经济、文化教育等方面，充当了殖民地政府与华人社会之间的

---

① "Regulations for the Guidance of the Chinese Advisory Board, Singapore," *Straits independent and Penang chronicle*, December 28, 1889, p. 5.

"润滑剂"。此外，华人参事局还协调华人内部事务、向华人提供福利等，是半官方的第一个全国性的华人政治组织，也是19世纪后期至20世纪上半叶殖民政府与华人进行政治交流的主要渠道[1]。但是，上述职能更多是偏向社会事务，不直接涉及政治范畴，所讨论事宜的决定权在于主席即助理华民护卫司。从报刊刊登的诸多华人参事局召开会议讨论的主题来看，主要涉及华人社会的移民保护、教育事业、福利保障等，直到第一次世界大战爆发后才开始更多地涉及政府征税等主题。如在1916年11月中旬，新加坡华人参事局连续在华民护卫司署召开会议，讨论发行殖民地战争贷款债券事宜。而在11月15日的会议中，参加者包括华人参事局成员、华人社会领袖、各行业代表等，总数达200人[2]。然而，若华人参事局提出的诉求不完全契合殖民政府的利益，华民护卫司未必为其发声，表明华民护卫司署与华人参事局在根本利益上的不一致。如在1895年1月，新加坡华人参事局成员17人讨论应当承担英帝国殖民地军事捐税的比例问题，认为新加坡民众承担的义务与所享受的权利不匹配，商讨向政府提出抗议，甚至有一位成员呈递辞职函，而华民护卫司"自然没有参与这一行动"。此外，华人参事局还关怀祖国人民的际遇。如

---

① 李路曲：《新加坡现代化之路：进程、模式与文化选择》，新华出版社，1996，第70页。

② "Chinese And The War Loan," *The Singapore Free Press and Mercantile Advertiser*（Weekly），November 16，1916，p.309.

1919年槟榔屿华人参事局开会，讨论对中国威海卫灾荒的救助问题。

华人参事局的建议在殖民政府仅有参考意义。陈嘉庚辞去华人参事局成员一事便是证明。1929年，殖民地政府允许日侨到马来亚内地开荒种水稻，但在大量华人失业情况下，却禁止华人开荒。如此区别对待引起陈嘉庚的强烈不满，他在华人参事局提议准许华人开荒，也得到华人参事局内部一致支持的情况下，总督金文泰直接否决这个由华民护卫司转呈的提议，陈嘉庚愤而辞职，以表抗议。华人参事局在政治层面更多地表现为服务于英国殖民政府和华民护卫司的特征。如在槟榔屿，华人参事局成员郑进德耗费4.5万叻币，在孔回利斯堡建造一座钟楼以纪念维多利亚女王即位60周年，为支援英帝国在南非战争中取得胜利，槟榔屿华人参事局在1899年筹集近5万叻币以表支持。

不过华人参事局并非当地政府的傀儡，与当地政府的关系也并非一帆风顺，在某些问题上双方有较大分歧。槟榔屿华人参事局在1894年强烈反对《妇女和女童保护条例》修改。1895年，新加坡华人参事局成员全体辞职，抗议英国向殖民地征收军事捐税，该行动最终获得成功。而助理华民护卫司在其中扮演协调角色。

在海峡殖民地三州的华民护卫司署年度报告中，多次提及本州华人参事局在本年召开会议的次数、主题、重要争议过程等，表明华人参事局是华民护卫司署的重点关注对象。

如槟榔屿华民护卫司署1920年年度报告记录，本年华人参事局开会6次，主题为华人结婚登记、遣返年老华工、登记国内仆人等。原则上华人参事局需每月召开会议一次，但在实际运行中并不严格执行，开会的次数取决于事务的繁简。如槟榔屿华民护卫司署1908年年度报告提及，1907年华人参事局没有召开会议。并且在大多数时间，华人参事局较少召开会议，有的会议也未能就所探讨的问题达成共识。如1908年槟榔屿华人参事局只召开了一次会议，讨论由华人参事局参与救助和遣返苦难华人的方案，但是并未形成确切结论。可见，华人参事局未形成规范的运行机制，对华人事务的影响亦相对有限。而华人参事局越发关注华人社会日常生活的琐事，如1934年海峡殖民地华民政务司报告显示，新加坡和槟榔屿的华人参事局开会讨论的主题多为燃放鞭炮、在公共街道搭台演戏等。早在1894年，《每日广告商》便指出，虽然华人参事局宣称代表殖民地全体华人的利益，但是华人参事局公开表示，他们更多是代表“叻生华人”而非移民华人社会的利益。正因如此，华人参事局作为“民主橱窗”的装饰品，为部分华人所不齿，在华人社会中越发尴尬。此外，由于各州华人参事局成员构成复杂，“叻生华人”和受过英文教育的移民华人在华人参事局当中越发占据重要比重，不同帮派、“叻生华人”与移民华人等的矛盾，影响该机构在决策时的效率。如在1898年3月新加坡华人参事局召开会议，讨论“叻生青年华人”剪辫事宜，但考虑到移民华人与“叻生华人”在身份归属与文化认同方面的微妙差异，华人参事局没能对此事形成明显结论。

曾担任华人参事局成员10年的陈嘉庚，在其自述中论及该机构时，认为“虽组织此议事会，亦不过形式上笼络而已”①。但不可否认华人参事局发挥了一定的作用：一是成为直接沟通华人社会与殖民地政府的重要桥梁，特别是为华人精英参与政治提供了机会，一定程度开启了华人议政之先河，缓和了华人社会的不满情绪，有利维持殖民管治。协助华民护卫司署开展工作，使其得以同英国殖民政府保持较为紧密的接触与互动。二是华人参事局有效调和了各帮派之间的矛盾，虽然表面上看其成员按照帮派分配名额，是殖民政府对华人“分而治之”的一种体现，但在此过程中不同帮派之间的合作日渐增多，越发把华人社会联系成一个整体。

此外，为广泛笼络海峡殖民地土生华人领袖，1934年海峡殖民地总督金文泰在新加坡、槟榔屿和马六甲分别成立非正式机构——总督之海峡华人咨询委员会，推动总督、主要官员与土生华人社会领袖就相关政府立法等事宜进行非正式探讨。该委员会成员仅限于英国籍的土生华人，且由华民护卫司担任各地委员会的顾问。

---

① 陈嘉庚：《二十世纪名人自述系列：陈嘉庚自述》，安徽文艺出版社，2013，第35页。

## 第二节　华民护卫司署应对外来民族主义

马来亚华人的民族主义的发展，一方面与中国的民族主义形势演变息息相关，为传入式发展；另一方面源于马来亚社会环境的转变、英国殖民政府内外政策的影响，“华侨在当地生活环境的变化是促使广大华侨主动接受民族主义的内在动力”[①]，为自生式发展。二者相结合，使得马来亚成为中国海外民族主义最为引人注目的地方。因此，在20世纪20—30年代，华民护卫司署将更多精力用于监管华人社会的民族主义动向。该时期曾在新加坡华民护卫司署任职的一位官员对此变化总结道：华民护卫司署功能很大部分并非关于保护华人，而是让这个国家防范他们[②]。

在中日甲午战争中，中国的战败引发中国国内民族主义情绪的高涨，并迅速在海外华人社会传播。保皇派、革命派等的影响亦映射到海外，孙中山1905年后在新马地区活跃频繁，表明此处已经成为中国革命的一个海外中心，中国同盟会新加坡分会的成立亦是证明。在辛亥革命推动马来亚华人民族主义高涨之后，五四运动时期的思潮亦漂洋过海在马来亚传播，特别是以中国国民党为代表的各类党派组织在新加

---

① 张坚：《东南亚华侨民族主义发展研究（1912—1928）》，博士学位论文，厦门大学，2002，第217页。

② Victor Purcell，*The Memoirs of a Malayan Official*（London：Cassell，1965），p. 97.

坡、槟榔屿等地区极为活跃，为新马华人带来政治意识的启蒙，“使得20世纪如国民党与共产党在马来亚的活动，均让马来亚华人的民族主义作出积极又强烈的回应”。20世纪30年代初，日本在中国东北的侵略活动更是引起了海外华人的愤慨，新马华人民族主义运动也迈入新阶段。因此，不同于对待华人秘密会党等“无目标的政治组织”，20世纪20年代初以中国国民党为代表的“有目标的政治组织”更引起了殖民地政府的警惕。早在1900年2月康有为在维新派协助下逃亡至新加坡之际，向华民护卫司署口头保证只要居住在殖民地，就不谋划颠覆中国政府。但他很快就着手筹集资金助力海口起义。1903年8月中旬，康有为从太平抵达怡保，受到怡保华民护卫司接待，并陪同他拜访了两家当地医院。但整体而言，殖民地政府与华民护卫司署对华人社会的民族主义持提防与镇压的态度。

## 一、治理在马来亚的国民党活动

治理在马来亚的中国国民党活动是华民护卫司署在20世纪30年代之前防范华人民族主义的关键。随着中国国民党及其分支在新加坡、马来亚半岛活动频繁，华民护卫司第一次面临政治问题。1905—1909年，孙中山在马来亚发表多篇关于中国革命的文章，被华民护卫司署警告。1910—1911年，孙中山在槟榔屿呼吁为广州起义捐款，被当地华民护卫司署警告并要求离开。此时支持辛亥革命的华人社团组织也遭到华民护卫司署的监控，如在吉隆坡的“中和讲堂”“中国青年益赛会”便被华民护卫司勒令解散。中国国民党在新加坡的一个分支，根据社团法令于1912年12月设立，也是新加坡第一个政党组织。自1913年起在马来亚各地开设分部。据统计，其合法登记的分部有30个，还有多个以其他形式活动的未登记分部，规模在1914年达到两千人以上[①]。在马来属邦的国民党活动亦较为频繁，霹雳作为其活动的重要基地，1913年设立27个分会，居马来属邦之首。鉴于国民党与中国民族运动的紧密联动对中英关系产生不良影响，特别是其在当地不留余力推动倒袁运动，殖民地政府于1914年8月吊销其注册，但国民党党员仍秘密或半公开形式在马来亚开展活动。1925—1930年是国民党在马来亚发展的黄金时期，其党员规模在1929年达到10290人。

意识到国民党等组织引发新马华人社会秩序不稳定的隐患，英国殖民政府命令各州华民护卫司署专门搜集和汇报与国民党相关的情报，要求华民护卫司署需要每3个月向英国殖民部进行一次详细汇报。华民护卫司署成为英国殖民政府掌握在马来亚的国民党动态的主要媒介。虽然在1925年7月英国内阁批准由英国殖民部和外交部提议的严禁国民党的提案，但国民党仍以多种方式活跃于马来亚。而在1930年全

---

① Png Poh Seng, “The Kuomintang in Malaya 1912—1941,” *Journal of Southeast Asian History*, Vol. 2, No. 1 (1961). pp.10-11.

面禁止国民党之前，华民护卫司署在处理国民党事务问题上具有较大自主性。如在1927年，新加坡华民护卫司批准在马来亚的国民党人在欢乐园追悼孙中山逝世二周年，只是要求不到城市游行示威、不悬挂国旗、不演讲，表明华民护卫司署并非全面打压国民党的活动。不料纪念活动演变成新加坡政治史上著名的“牛车水事件”，警察在镇压游行队伍过程中酿成6人死亡、14人受伤的惨剧。同时，华民护卫司署多次联合警方突然搜查国民党马来亚总部和新加坡支部，宣布多间夜校违法，不过没出现大规模逮捕国民党党员等情况。

但这并不意味着华民护卫司署完全放松对华人社会政治活动的监督，特别是对政治宣传的监督。中华革命同盟会吉隆坡分会负责人之一彭泽民，因20世纪20年代初紧密追随孙中山开展革命活动，被当地华民护卫司署一天之内4次传讯。1929年10月中华总商会代表众多华人向华民护卫司署申请在10月10日提灯游行以示庆祝。华民护卫司兀敏以可能存在不良分子扰乱治安为由拒绝了中华总商会的请求，其回复刊登在1921年9月21日《南洋商报》上：

中华总商会总理先生大鉴，敬启者，关于本月十二号贵会代表李君伟南薛君武院暨陈君源泉到敝署询问本年十月十日可否许可贵商会举行提灯大会一节，本司对于此项问题，已经详细考虑矣，良以目下商情冷淡，加以尚有不良份子存

在坡中，或可借此机会，图谋扰乱治安，似此局势，鄙见贵国人民，对于贵国庆之纪念，总以采取别项方法，以伸庆祝为妥，专此即颂

公安

英一千九百二十九年九月十九日

华民政务司启　兀敏签署

1930年，金文泰担任海峡殖民地总督后开始对国民党采取高压政策。在金文泰上任之前，在马来亚的国民党以秘密或半公开的活动为主，各州之华民护卫司署曾尽监督之责，并未完全采纳高压手段以对付国民党人，故而国民党人尚能有存在的余地。金文泰的高压政策有其客观考虑，特别是在中国五卅惨案后，在马来亚的国民党也有所活动。1930年经过中华民国国民政府和殖民地政府的代表谈判后，殖民地政府作出让步，只要中国国民党不试图在马来亚建立分部、不企图控制海外华人，便允许海外华人个体成为国民党党员。而在马来亚国民党虽然面临殖民地政府的严格限制，但仍活跃于新马华人社会，1930年2月初在新加坡公开进行的领导人会议，其与会人数达到40人，乃至在新加坡《民国日报》刊登此消息，此举促使金文泰迅速治理活跃于马来亚的国民党。

金文泰延续抑制华人民族主义政策，彻底禁止国民党，新加坡华民护卫司兀敏则是金文泰禁止国民党政策的重要

推手和坚定支持者。兀敏氏是当时各州华民护卫司中反对国民党的最得力的发言人。他反对国民党人渗透学校、工会、社团，更反对国民党人的政治组织与活动，理由是国民党可能造成所谓“主权内的主权”的严重后果。为此，兀敏氏控制华文教育发展，推动颁布1920年华人学校注册法令。不过兀敏并非一成不变地贯彻彻底禁止国民党的政策。在取缔令下来之后，兀敏曾征求新加坡华族社会非国民党人士的意见。他不反对马来亚华人参加中国国民党，只是反对本土化的国民党。而这些理念影响金文泰对国民党的态度。

## 二、防范共产主义

华民护卫司署是英国殖民政府监视华人民族主义运动的主要执行机构，除了重点关注国民党在马来亚的活动，华民护卫司署亦对共产主义有所防范。1919年，新加坡开始受共产主义影响，到20世纪20年代中叶，中国共产党在马来亚地区开始活跃。马来亚于1926年成立共产党南洋总工会，1930年成立马来亚共产党，总部位于新加坡。该时期海峡殖民地总督的要务是修复第一次世界大战对英国造成的经济损害，他认为马来亚经济生活的恢复受到共产主义和国民党的干扰。此时共产党较国民党而言尚未社团化运行，且更多与反日运动挂钩。但殖民政府在1931年全面镇压马来亚共产党，逮捕和驱逐主要负责人，导致该组织几乎被彻底摧毁[①]。

针对共产主义者活跃于华人学校的情况，华民护卫司署的主要措施是详细调查其活动，联合警察局逮捕有反英国殖民政府言论和其他不利于殖民地统治的论调的教育人士，乃至取缔华人学校，抑制共产主义活动的急剧扩散。华民护卫司署对认定为从事政治性教育活动的华人教员，处置方式通常包括警告、吊销教员执照、勒令其限期离境等。余佩皋、钟乐臣、庄希泉、陈新政等在华人学校宣传共产主义的人士被递解出境。1931年1月底，华侨中学新成立的董事会整顿校务，遭到部分学生抗议，抗议活动中表现出的共产主义倾向引起华民护卫司署注意。华民护卫司兀敏在学生宿舍搜查出若干含有"危险思想"的违禁书籍和印刷品，随即逮捕4名学生，并警告该校董事会。但一些学生挟持校长和一名教师到华民护卫司署要求释放被捕学生，被华民护卫司署扣留，并遣散全部在校学生。《招收外国留学生法案》在1933年初公布后，华民护卫司署更是加强对留学生以及各类华人学校的思想监督。

但自1933年下半年起，华民护卫司署把治理华人秘密会党的职能转交给警察局，他们把共产主义活动在某种程度上视同华人秘密会党活动，因此对共产主义的关注也有所淡化。

---

① 康斯坦丝·玛丽·藤布尔：《新加坡史》，欧阳敏译，东方出版中心，2013，第143-145页。

如《华人事务月刊》从1933年6月至1935年几乎不提及共产主义。这也表明华民护卫司署对共产主义的抑制措施成效初显，新加坡特殊部门和华民护卫司署在1930年到1934年对马来亚共产党的镇压，在哪生存成为后者在该时期的主题[①]。

华民护卫司署也警惕华人族群反帝反殖民动向。如1909年10月槟榔屿华人社会出现大规模反日运动，此时英日关系正处于“甜蜜期”，槟榔屿华民护卫司里奇斯采取强硬措施镇压反日运动。

华人医院是华民护卫司署的关注区域。毕麒麟早在1885年的年度报告中建议应保持对华人医院、药房的警惕，并列举了香港东华医院涉猎政治的案例[②]。针对新加坡华人在辛亥革命后多次在同济医院集会的情况，华民护卫司署两次调查该医院。为此，同济医院负责人不得不发出公示，表明立场：本院原救济贫病赠医施药而设，创办之时禀准本坡政府，立有专规只许商办各种善举，余外事一概不得干预。近日各界时假座本院为集议之所，虽所议无非公益，与同人亦乐于赞成。而因此之故，前日华民护卫司二次派员到院查问，必有所疑……恐将来有违坡律，此后我旅叻（指新加坡）各界同胞，幸勿再借本院为集议之所，免招外来干涉，贻损贫病之

---

① Martin Kenneth Andrew，“*The Singapore Police Force 1918—1938*”（Northern Territory University Masters of Arts Thesis，2000），pp.131-133.

② Eddie Tang，“*British Policy Towards the Chinese in the Straits Settlements: Protection and Control，1877—1900*”（Australian National University Masters of Arts Thesis，1970），p.158.

人。想明理君子当能鉴谅此布[1]。

华民护卫司署还利用审批注册社团的权限限制华人的民族主义运动。为惩罚陈嘉庚领导的怡和轩俱乐部在山东惨祸筹赈会中扮演“中国民族主义大本营”的角色，华民护卫司在1932年4月吊销怡和轩俱乐部免注册特权，并禁止了山东惨祸筹赈会的相关活动。代理华民护卫司英咸氏花了三个月去准备应变措施，最终提议以非法活动与抵制日货为由将筹赈会封闭。《南洋商报》称，陈嘉庚在筹赈会一次会议中提及筹赈会解散的重要原因是殖民地政府与华民护卫司署的压力：

> 于居留政府之下，我们不得不停止尔，盖华民护卫司，曾数次传问，要求以确定结束之日期，故乃以本月底应对……在去年八月间，华民护卫司，即以个人私情，询问山东惨祸筹赈会，究能于何时为止，当时但答以特别捐至九月底，当不再进行……盖本会未能以合法手续在政府注册，政府不过暂时作情，焉能作为长久？

## 三、监控华人文化教育事业

华民护卫司署在文化教育等方面密切监视和打压华人民族主义的发展，并在此过程渗透英国殖民的元素，引导华人族群建立对英国殖民统治的认同。

---

① 《同济医院紧要告白》，《叻报》1912年6月20日。

监督与审查华人族群的文化教育活动，是华民护卫司署防范华人民族主义活动中仅次于监控国民党的另一举措。殖民政府认为随着马来亚华人民族主义的高涨，马来亚华人族群的汉语教育必须纳入审查范畴，因为在他们看来这些教育在根本上“倾向于把马来亚视为与中国联系紧密的一个省”[①]。此情况也与该时期中华民国政府实施争取海外华人的教育政策息息相关。在1912年成立的福建暨南局，其职责之一是促进海外华人教育事业的发展。据统计，1912—1917年，中国各级政府8次派遣官员前往马来亚调研华人学校情况；1914—1932年，共有14批官员到马来亚参观华人学校[②]。1928年，中华民国教育部发布《海外学校登记规章》，要求海外华人学校在中国进行登记，并遵循中华民国教育部的规则。1929年，海外华人教育会议决议三民主义应当成为海外华人儿童教育的基本教条。非官方层面，20世纪20年代初兴起的国民语言运动，一些国民党身份的教师被中华民国国民政府派往马来亚各地华人学校担任教员，并使用中国印刷的教材。

殖民地政府虽然对华人中等学校执行超然政策，但也打压热衷于政治活动的学校。创办于1913年的槟榔屿益华学校，因同盟会成员等革命志士频繁聚集于此，被华民护卫司

---

① William L.Holland ed，*Asian Nationalism and the West:A Symposium Based on Documents and Reports of the Eleventh Conference Institute of Pacific Relations*（New York：Macmillan Company，1953），p.280.

② 周聿峨：《东南亚华文教育》，暨南大学出版社，1996，第16–17页。

署在1916年下令停办。1919年，华人学校师生积极参与反日游行，海峡殖民地政府意识到需要阻止华人学校教育政治化的进一步蔓延，虽难以估计国民党在马来亚和新加坡的华人方言学校的渗透和影响，但可以确定的是，带有国民党倾向的华人教师，在中国1919年五四运动之后变得更为活跃，包括抵制日货①。

1920年的《学校注册法令》为华民护卫司署监管华人学校提供了法律依据。该法令要点主要包括：一是政府有权随时关闭学校；二是教科书需由政府审查批准；三是教员需经政府许可，持有许可证方可充当，否则驱逐出境；四是如查有不合政府旨意的学校，重责学校负责人②。授权政府管理学校，意味着从官方层面正式介入华人学校教育事业。《学校注册法令》实施后，华民护卫司署与诸多华人学校的联系开始紧密，此时虽然华民护卫司署官员也关注华人学校学生的学习成绩等方面，但重点在于关注华人学校师生的思想动态和政治活动。执行层面，通常是华民护卫司署官员向当地法庭控告不执行注册条例的老师和学校，法庭加以审判。如在1921年9月9日，槟榔屿华民护卫司向槟榔屿地方法庭控告中华华人学校有6位老师等，因其未执行注册条例开展教学。

---

① Yong C F，Mckenna R B，*The Kuomintang Movement in British Malaya，1912—1949*（Singapore：Singapore University Press，1990），p.39.

② 《“国立”暨南大学南洋文化事业部》，《南洋研究》1928年第1卷第2号。

据统计，1925—1928年，至少315所华人学校因涉及政治活动而被取消注册。防范共产主义思想通过华人学校传播是华民护卫司署与警察局工作重点。1926年1—3月，新加坡共有5间粤帮举办的夜校因涉及政治活动而被关闭。

到马来亚从事文化教育工作的中国人，也是华民护卫司署的监视重点。20世纪20年代初在吉隆坡尊孔中学担任教员的袁任远，在讲授历史、地理课时因宣传反帝反封建思想而被当地华民护卫司约谈。他回忆道："有一天，华民护卫司把我找去，详细询问我的履历及授课情况，最后警告我说，这里是英国的属地，你在这里教书，不准散布有损英国的言论，你以后必须注意。"①许杰于1928—1929年担任《益群日报》主笔，因其所著文章多有论及殖民主义，多次被吉隆坡华民护卫司"传讯"，他曾写道："我在这总共不到两年的时间，被华民护卫司传去审问和训话，竟然达到六次之多。"②

对于少数不涉及民族主义的华人教育领域，华民护卫司署则不加以反对，甚至还会加以支持。这些领域主要包括医学教育等。如在20世纪初，华人族群领袖呼吁创建医科学校，新加坡华人领袖陈若锦邀请新加坡华商在华民护卫司署开会，讨论捐献建校基金事宜，时任七州府华民护卫司巴恩斯也出席会议，最终筹得大量资金，为后来的七州府医学堂

---

① 袁任远：《征途纪实》，湖南人民出版社，1985，第9页。

② 宗廷虎编选《名家论学：郑子瑜先生受聘复旦大学顾问教授纪念文集》，复旦大学出版社，1988，第307页。

成立作出巨大贡献。

华民护卫司署还进行新闻审查，监控华人族群的思想动态。20世纪初起，中国革命形势的变化引发了马来亚华人社会部分有识之士，他们试图以文化唤起海外华人对祖国命运的关注，宣传革命性质的报刊增多，如新加坡《中兴日报》、槟榔屿《光华日报》等。早期华民护卫司署对华人社会的新闻文化活动还有所宽容，如槟榔屿华民护卫司署1908年批准"阅书报社"备案，该报社由孙中山、汪精卫、吴世荣、黄金庆等人组织筹办，后来发展成为当地革命党人的领导机构，在辛亥革命中扮演了重要角色。鉴于华人文化事业特别是新闻出版业的政治元素越来越多，华民护卫司署设置专门新闻检查官，审查华文报刊新闻，对被认定存在政治问题的新闻不予刊登，严重者勒令停刊整顿。如槟榔屿《南洋时报》曾刊登华人对1928年济南"五三惨案"的评论，被认为带有反帝立场，槟榔屿华民护卫司以日本领事抗议为由，迫使《南洋时报》停版两个月[①]。总编辑林仲姚也因此一个月内被华民护卫司"传讯"三次，并遭到暗中监视。

---

① 中国社会科学院新闻研究所《新闻研究资料》编辑室编《新闻研究资料》，新华出版社，1981，第217页。

## 第三节　华民护卫司署对华人社会新问题的处理

防范与监控马来亚华人民族主义的发展，是20世纪初马来亚华民护卫司署的工作重点，与此同时，华人社会的妹仔问题，遣送失业、贫困、体弱等华人返回祖籍国问题，救济灾荒问题等，也是华民护卫司署需应对的新情况。但整体而言，华民护卫司署并未全力处理这些新问题。

### 一、治理妹仔问题

妹仔，俗称小妹、丫头、丫鬟等，即自小被父母或其他监护人出卖或抵押给第三方从事家庭劳役的底层华人女性[①]。妹仔本是流行于闽粤地区的一种婢女制度，随着移民华人的增加，该制度被移植到马来亚，盛行于以家庭形式移民至马来亚的华人社会中，也被称作“奴隶女童”制度。据官方统计，海峡殖民地在1922年约有7000名妹仔，平均每月有60—70名妹仔抵叻。华民护卫司署有权处置妹仔入境、受虐等事宜，但在实际操作中困难重重：一则妹仔按法规不需向华民护卫司署注册，华民护卫司署无法掌握其去向；二则或是妹仔入境时被教导如何应对华民护卫司署的盘问，或是妹仔受虐时证据不足而华民护卫司署难以作出公正裁断。到20世纪

① 李雯：《身似断云零落——20世纪初期新加坡的妹仔》，《华侨华人历史研究》2011年第1期。

20年代，妹仔问题闯入大众视野，其道德性与合法性成为争论重点。在国际层面，国际联盟于1921年颁布《遏制贩运妇孺公约》，英国作为签字国，设置专门机构在其殖民地开展废除公娼制度和废婢运动。1925年，海峡殖民地立法委员会讨论妹仔的问题。

1925年8月海峡殖民地立法委员会通过《妇女佣工法案》，于1926年1月1日生效，旨在禁止华人以认养养女之名行购买幼女做婢女之实。该法案授予华民护卫司署在监管妹仔活动方面更多权力，包括：若怀疑有不满10岁幼女从事仆役活动，可要求雇主提供照片以确认其并非雏妓；加重对雇主非法购买妹仔、虐待妹仔的处罚；询问被雇女性之父母、索要照片、收取保证金以确保妇女得到必要保护；等等[①]。华民护卫司署还发布公告，提醒来叻华人妇女提防被拐卖。《南洋商报》亦称："三州府华民政务司，为警告妇女被拐卖事。汝等如过埠或旅行，遇有不认识之男女向汝讲话，或向汝殷勤招待，切勿听其言语，因现有立心歹恶之男女甚多，专以诱拐棍骗少年妇女，卖作娼妓，或逼作其他不端之事为业，凡汝妇女，倘被此等拐图诱入其牢笼者，宜即倩人报知最近之巡捕房……"华民护卫司署也通过华人参事局探询华人社会对支付妹仔薪酬最低额度的意见，以期有效改善妹仔的处境。1932年1月通过的《妹仔条例》，有利于华民护卫司署对

① 《业经通过三读会之取缔婢女条例》，《叻报》1925年10月28日。

妹仔状况的持续跟踪，并在惩罚方面赋予华民护卫司署更多权限。如华民护卫司署指派女稽查员调查未注册婢女，若发现违规行为，将对该华人家庭主人处以罚款或者监禁；若有婢女受虐的情况，则可查明并处理；未注册或受虐婢女由华民护卫司署安置。该法案执行后，共有3004名妹仔于1933年6月在马来亚登记，但负责登记的官员指出，仍有诸多妹仔未曾登记。《华侨周报》也报道了这样一个案例，新加坡华民护卫司对前往华民护卫司署办事的一些巴生地区的华人领袖说道："关于婢女注册问题，早经政府通过实行在案，余（护卫司自称）于二月二十四日依照通告日期，前往巴生登记，是日仅有吴福发遵报二名。据余所知，巴生辖内，永春人养有婢女者，不下二百余人，此等婢女，皆未注册。你等回去，须通知该养婢之人，及早遵行登记，倘越过六月卅日者，则科罚不贷等语。"为更好地管理妹仔，新加坡华民护卫司署曾在1933年于《海峡时报》发布招聘信息，招募一位《妹仔条例》女性监察员。共有60位女性提出申请，最终聘用了一位名为韦布的女性。

华民护卫司署对注册妹仔的安置方法多元化，包括将其遣返祖籍国、送回父母身边、带到保良局等（详见表9）。

**表9　1933年海峡殖民地华民护卫司署对注册妹仔的安置人数**

| 地点 | 回父母家（人） | 离开殖民地（人） | 结婚（人） | 进保良局（人） | 取消注册（人） |
|---|---|---|---|---|---|
| 新加坡 | 9 | 10 | 15 | 12 | 10 |
| 槟榔屿 | 3 | 6 | 3 | 0 | 0 |
| 马六甲 | 0 | 1 | 4 | 0 | 0 |

资料来源：《一九三四年海峡殖民地华民政务报告》，《外交部公报》1934年第8期。

尽管已有保护妹仔的法律，华民护卫司署的治理力度也有所强化，但仍难以根治妹仔受虐待问题。据《南洋商报》记载，1931年李亚福虐待婢女一案，受害者为一名14岁少女，在遭受主人李亚福毒打后向华民护卫司署报案，法院因证据不足将雇主无罪释放。其客观原因在于华民护卫司署人员不足，不能对大量妹仔进行登记，并且保良局因空间有限而难以大规模收容被虐待女性。

## 二、遣送失业、贫困、体弱等华人返回祖籍国

自20世纪20年代起，在世界资本主义经济危机冲击下，许多马来亚华人因贫困、失业、丧失劳动能力而被遣返，成为华民护卫司署要处理的新问题。锡矿和橡胶这两大支柱产业遭受经济危机的影响最大，在这些行业就业的大量马来亚华人被裁员。据统计，马来亚橡胶业的华工被削减一半，锡矿业华工的人数从1929年的10万人缩减至1933年的3.4万

人，未被裁员者的薪水也大幅下跌。1931年共有21.3万名华人离开马来亚，其中从新加坡乘船的有15万，新加坡政府资助遣送了9609名贫困华人回国。槟榔屿和马六甲的华民护卫司署同样需要处理此项事宜，槟榔屿华民护卫司署还需负责遣返霹雳州失业华工。被政府遣返的华人主要分为两种：一是自愿请求返回中国者，主要为老弱妇孺等；二是经官方医护人员检查后被认定为不宜留在马来亚的劳力。为此，华民护卫司署官员充当“劳工助理主管”，所需资金由居留地的政府与华人慈善人士共同承担。

与华民护卫司署合作以资助华人回国，成为诸多华人社团自发之举。新加坡中华总商会在会史中多次提及此事，如1921年会史记载：“接华民护卫司函请捐助资遣残废回华，因事属义举，及公决以常年所捐二百元再增加一百元函复华民护卫司。”华民护卫司署与中华总商会等华人社团及华人领袖针对此事宜进行合作。1932年，著名华侨胡文虎得知华民护卫司署在遣返华人时面临资金困难的问题，向华民护卫司兀敏承诺提供捐款2万元，兀敏随之回复道：

文虎先生大鉴：顷复大函，拟拨叻币2万元，缴存本署，分给由敝署资失业华人，益见博济为怀。实心爱护，不特受恩者铭感五内，即本司亦甚感隆情。请将银则开列前来，以便照办。但尊意每名给叻币1元，以资零费一节，其中情形，似有未便之处，希驾临本署会商，或派代表酌采安善之法。

盼甚，幸甚，此复。并颂大安。

1932年7月26日

七州府华民护卫司启

在霹雳，1931年8—11月华民护卫司署遣送失业劳工13548人返回中国，1932年遣送10007人。如此规模可谓庞大，耗资可观。如在1930年7月和8月，马来亚联邦政府分别花费1.5万美元和1万美元用于遣送被证实为体弱劳工回中国。1931年3—9月因管制锡矿法令的实施，被遣送回国华工人数为2.1万[①]。1934年海峡殖民地华民政务报告指出：新加坡和马六甲遣送成年人493人，未成年6人，其中政府出资三成（4844.2元）；槟榔屿遣返成年367人，未成年者58人，政府出资六成（4572.6元）。华民政务司署还拨出私人基金以表支持，如1934年海峡殖民地华民护卫司报告显示，马来亚华民护卫司署拨出私人基金以遣送32人回中国。

但接受遣返的华人占当地华人比例不高，他们大多数仍选择留在马来亚。据统计，1930年马来亚共有16.7万名华人返回中国，其中1.3万人是由马来亚政府支付费用，而1931年马来亚华人总数达170万。这也是殖民政府在世界经济大萧条期间仅有的改变失业华人处境的措施，并且这一措施有

---

① 陈爱梅：《经济大萧条时期霹雳的社会及矿场华工状况（1929—1933年）》，《马来西亚华人研究学刊》2006年第9期。

政府推脱责任、转移矛盾之嫌。于殖民政府而言，遣返失业华人所需费用比让其逗留马来亚然后加以治理的成本要低。此外，从以往经验看，由私人遣返的华人通常可能在旅途中或者中转时，便因各种原因而失去其仅有的财物，最终不得不由政府负责将其送到目的地，如由华民护卫司署出面组织遣返，便可避免如此情形。

## 三、参与对受灾华人的救济

20世纪30年代初，华民护卫司署还参与诸多有关本地华人受灾后的救济。如在1932年7月新加坡丹戎禺水上民房因火灾而被焚数十间，政府勒令灾民迁徙并不许重建，华民护卫司署收到灾民的请求，向殖民地政府申请了一定数额的迁徙费补贴，并接受胡文虎、林金殿等华人富商捐款，所得款项分发给灾民。1934年8月，新加坡河水山发生大火灾，共有3个村911户灾民，华民护卫司署邀请中华总商会等社团与工人参加赈灾会议，共筹得5.6万叻币。1935年2月槟榔屿亚逸依淡村发生火灾，当地华民护卫司也出面组织救济会[①]。

华民护卫司署还组织当地华人领袖参与救济中国灾荒。1907年1月，槟榔屿华民护卫司柯文在怡保召集诸多华人领袖开会，主题为参加对中国灾荒的救济。会议决定成立以华

① 钟兆云、易向农：《父子侨领：庄希泉、庄炎林百年传奇》，山西人民出版社，2013，第191-192页。

民护卫司为主席的救济委员会，号召更多华人领袖加入委员会；讨论捐款箱分布、款项处置问题。但华民护卫司署参加对中国灾荒的救济带有明显的功利性，华民护卫司署也直言不讳，认为矿场场主、橡胶园园主需以此为契机，更多地吸引灾荒地区的廉价华工来到马来亚，以化解当前劳工不足及劳工成本偏高的困境。

### 四、对华人风俗习惯的尊重与适度干预

华民护卫司署大都尊重华人社会的风俗习惯。如槟榔屿嘉应会馆的会议记录提及，1931年华民护卫司署来函，准许华人公众假期删除一日补作“双十节”公假。《槟城新报》称，在槟榔屿，工部局认为华人公私冢问题影响水源、有碍健康，为此于1904年11月颁布坟冢新例，意欲规范华人坟场问题。此举引起当地华人的强烈愤慨，指责其干涉华人风俗习惯。《槟城新报》《亦果西报》等也频频发表评论，抨击新例为无稽之谈。平章会馆和华人参事局就此专门开会商讨对策。面对华人的申诉，工部局不得不决定推迟执行新例，并委托华民护卫司等处理此事。最终华民护卫司推动工部局宣布坟冢新例暂时搁置。

华民护卫司署对华人婚姻习俗也有所干涉。早在1904年，槟榔屿华民护卫司署就华人的婚姻和收养登记问题起草议案，并征求华人意见。华人领袖大都支持成立以华民护卫司为首、华人代表为辅的登记部门，收取一定登记费用。但

对二次结婚或者纳妾等形式的登记，土生华人与侨生华人对此有截然不同的意见。因此，华民护卫司指出在华人社会意见不一致时政府不会推进此方案。议案还探讨婚姻当中被收养子女的财产继承权问题。1925年4月，海峡殖民地政府成立华人婚姻习俗与庆祝仪式调查委员会，以期为立法管理华人婚姻登记、结婚庆祝仪式等提供建议，海峡殖民地华人护卫司被任命为该委员会主席。此举在于促使殖民地政府深入了解华人婚姻观念及其文化，从而在平衡华人习俗和西方法律前提下，有效处理华人的婚姻事宜。不过调查委员会内部在诸多问题上未达成一致，因此，此次调查成效不佳。

华民护卫司署只对影响殖民地秩序的行为进行约束，如燃放鞭炮等。对于华人社会盛行燃放鞭炮的行为，新加坡华民护卫司署在1900年前后以公众安全为由，主张立法加以规范，只允许在特定时间和地点燃放。新加坡华民护卫司伊文思在1899年就此问题指出：该考虑公众的安全和便利，而不是古老的迷信。到1932年，殖民地政府禁止燃放鞭炮。

对被认定为对治安秩序有威胁的华人风俗，殖民地政府和华民护卫司署不惜违背华人意愿而强行禁止。如槟榔屿华人为庆祝第一次世界大战结束，积极参加和平庆祝大会，部分华人为增添欢乐氛围而意图舞狮随行。华民护卫司署致函槟榔屿平章会馆对此举表示反对，认为舞狮者手持铁戈恐威胁安全。平章会馆在《槟城新报》上刊载《平章会馆议事纪》，告诉华人不得有舞狮之举，并回函华民护卫司署：

华民护卫司文大人钧鉴。肃复者前奉惠书，示以观音大士出游，恐舞狮者执戈在手，或生不测之虞，淇等转达坡中商民，届时勿作舞狮之举等因，闻命之下，当昨日敝馆开会时，将公文宣读，咸颂大人爱民如子，不胜感佩之至，旋由众公决，将公文刊登报端，俾侨众周知，到时料能将舞狮取消，以慰廑念，肃此复闻。

整体而言，华民护卫司署对华人习俗持尊重态度，只对若干领域加以干涉，并且干预结果往往是稍有让步。这使得华人风俗传统得到传承，华人族群文化的独特性得以整体维持。

# 第五章

# 华人族群对华民护卫司署的反应

华民护卫司署开了英国殖民政府直接治理马来亚华人族群的先河，华人族群主要群体在不同时期对这一机构反应各异，总体而言经历了从疑虑到认可的转变，但也不乏激烈对抗或消极抵制者。本章主要讲述清政府在海峡殖民地设置的领事馆，与华民护卫司署争夺对马来亚华人的领导权等内容。此外，殖民地华人对华民护卫司署的反应也有所呈现。

## 第一节　部分华人对华民护卫司署的认同

认同华民护卫司署的华人群体可大致分为两类。一是以绅商阶层为代表的华人领袖，一方面感激华民护卫司署为其营造稳定环境，另一方面意欲在政治上获得上升空间，因此通常配合华民护卫司署的工作，并以多种形式表达对华民护卫司署的支持与感谢。二是华人妇女、劳工等底层弱势群体，从存疑到认同华民护卫司署对其保护的效果，在遭遇不公时求助华民护卫司署。此外，一些华人社团组织、华人秘密会党等，也认可华民护卫司署解决华人纠纷的能力。

## 一、华人绅商阶层对华民护卫司署的认可

马来亚华人族群中对华民护卫司署认同度最高的是绅商阶层。一方面是因为华民护卫司署维护社会稳定，为其经济活动提供较好环境；另一方面在于华民护卫司署下属机构——华人参事局，成为绅商提高政治地位的重要渠道。华人参事局和保良局是华民护卫司署管辖的两个关系较为紧密的机构，被纳入其中的华人精英领袖，通常通过发表公开感谢信、举办欢送会、赠礼等方式博取华民护卫司署高级官员的好感，为自身和华人族群争取更大利益。杨进发认为，海峡殖民地政府任用华人领袖的三个步骤：首先，授予华人领袖太平局绅职务；其次，使其成为工部局成员；最后使其成为华人参事局的成员。由此可知，华人参事局成员的身份，对志在政治领域有所作为的华人领袖而言，是较高的目标与追求。为此绅商阶层与华民护卫司署的接触较为频繁。《叻报》称，1896年10月，为欢送新加坡华民护卫司，一些新加坡绅商聚集商讨具体事宜，决定由华商200余人共同出资，制作一面金锦帐赠予华民护卫司，同时于明丽园或者丰兴园为其举行公饯。新加坡华民护卫司黑尔在1898年初将赴雪兰莪任华民护卫司，新加坡华人参事局、保良局的部分华人领

袖，以及当地华人商界代表向黑尔赠送中国卷轴和丝绸等，吉隆坡华人甲必丹等也在吉隆坡向黑尔赠送礼物。海峡殖民地华民护卫司毕麒麟在1924年9月离职并离开海峡殖民地之时，华人参事局与保良局发表公开信，赞扬其在26年间为华人社会所作的贡献：殖民地的华人会一直感激、铭记您在任期间，在处理涉及华人利益事务时的友好方式和同理心，也高度赞赏您在处理诸多复杂问题上展现的高超技巧、策略与远见①。毕麒麟也参加了部分槟榔屿保良局成员举办的茶话欢送会并互赠纪念礼品。1932年，柔佛华民护卫司离任时，参加了当地华人领袖在麻坡为其举办的茶话会与晚宴。在1916年12月得知槟榔屿助理华民护卫司艾伦即将前往新加坡担任新职务的消息后，鉴于艾伦在任期间对华人社会的贡献，槟榔屿部分华人在华人市政大厅开会，讨论如何请求政府让艾伦继续留在槟榔屿任职，最终决定派遣代表向驻扎官代为传达，同时也直接向总督发出恳求。

不少华人领袖积极响应华民护卫司署的号召，以表示与殖民地政府积极合作的态度。据《槟城新报》报道，为庆祝乔治五世在1911年加冕为英国国王，槟榔屿华民护卫司署召集华人代表及各帮派华人领袖筹捐以作庆典费用。为此各帮派设有“华人劝捐员”负责不同地区的劝捐事宜。各帮派华

---

① “Chinese Community and Mr.Beatty.” *The Singapore Free Press and Mercantile Advertiser*（*Weekly*），September 25，1924，p.12.

人领袖表现尤为突出，广府帮的谢春生和连瑞利、福建帮的叶祖意等人，在4月中旬与华民护卫司开会时当场承诺捐款。

1918年，新加坡华民护卫司前往琼州会馆解救来叻妇女吴氏，让华人族群看到殖民地政府对来马来亚女性的积极态度。宗亲会馆、商界也更主动寻求与华民护卫司署合作，保护赴马来亚的华人女性。琼州会馆总理向华民护卫司请求由华民护卫司署保护华人妇女来叻，虽然遭到部分侨工激烈反对，但华民护卫司署还是拟定草案并得到华人商界的签名，获得总督的批准，从而使得“琼林开放自由花”。这也表明了华人族群中的领袖精英与商界人士，对华民护卫司署在保护华人妇女方面发挥的作用表示认同。

不过华人绅商阶层没有一味顺从华民护卫司署的命令，在违背自身经济利益或者面临民族主义冲突时，会选择消极地对待华民护卫司署。1905年，新马华人社会掀起抵制美货运动，一艘运载海峡殖民地政府订购的美国货物的船在抵达新加坡港时，码头华工拒绝卸载。华民护卫司署官员商请华人领袖陈楚楠、张永福协助解决，但两人本身支持抵制美货运动，就以能力不足为由拒绝，直到政府官员再三要求及解释后，两人才勉强同意规劝工人恢复卸载工作。

1919年槟榔屿米粮风潮更见华民护卫司署与华人绅商阶层的互动。1919年6月，槟榔屿华人爆发米粮风潮，其间夹带反日风潮，发展到摧毁日货、抢夺米粮等，使全市店家几乎停业。海峡殖民地华民护卫司署在年度报告中提及因高昂米价引发的不满在槟榔屿形势更为严峻[①]。商业繁忙之地土库街此时格外冷清，向来为夜市热闹之区，除警察外，罕有行人踪迹[②]。槟榔屿华民护卫司与广府帮、福建帮领袖前往各地劝令华人勿因抵制日本而扰乱地方秩序，并在与民众对话中允诺协助地方政府和华人领袖一同降低米价。

据《槟城新报》1919年报道，最终华民护卫司与广府帮、福建帮华人领袖协定每月进口4000包仰米（缅甸米）。华民护卫司还同意弥补因低价出售米粮而出现的亏损的方案。时任中华民国国民政府正领事的戴培元，也和平章会馆协理一起会见华民护卫司，商讨如何分担粜米亏损，主动提出补米价亏损差额，并且愿意发动劝捐活动，以集资赈济贫民之困。戴培元当场答应个人捐资以实现捐款目标。华人商店恐惧遭到报复，并无恢复营业迹象，华民护卫司不得不协同多位华人领袖一起拜访商家，劝请复业并告知会保护商家安全，但“有部分之华人，尚不愿改变其目前之态度，及停止恐吓他人之营业”[③]。

华人绅商阶层在面临无法自行调解的难题时也向华民护卫司署寻找帮助。如在槟榔屿1919年米粮风潮时，华人自发组织的平粜局未能较好解决米价上涨问题，便求助于华民护卫司署。华人商界也认可华民护卫司署在组织救济华人方面

---

① JARMAN L., *Straits Settlements Annual Report 1855—1941* (Volume 7) (London: Archive Editions Limited, 1998), p.369.

② 《槟屿之风潮》，《叻报》1919年6月27日。

③ 《辅政司抵屿》，《槟城新报》1919年6月27日。

的能力。如新加坡19世纪末20世纪初于棋樟山建立防疫站，向华人提供免费的隔离防疫场所，在禁港运行之初资金紧缺时，当地华商向华民护卫司署捐款5万元用于改善棋樟山的设施和条件，华民护卫司署也加捐6万元投入其中[①]。吉隆坡仙四师爷庙在陈秀连担任炉主时发生一起庙产纠纷案，陈与事主多次交涉未果，交由华民护卫司署处理，得以较好的解决[②]。

## 二、部分华人对华民护卫司署从疑虑到认同的转变

大部分马来亚华人对华民护卫司署从疑虑转为认可。我国现代人口学开拓者陈达在其所著《浪迹十年之行旅记闻》一书中考察南洋华侨社会生活，在论及槟榔屿华人与华民护卫司署关系时，认为华人求助于华民护卫司署是华人族群的耻辱，侨民遇琐事往往向华民政务司申诉，因此将侨民的丑陋之点毕露。梁绍文在《南洋旅游漫记》中对华民护卫司署与华人的关系如此剖析：凡是殖民地有华侨所到之处，便有华民护卫司，主其事者有正副两人，俱以英国人充当。手下拉集许多中国的流氓在侦察暗查等。其任务在监视中国华侨的行动，并审理中国人的民事案件。凡中国人各种社团，一

① 赵颖：《19世纪末20世纪初新加坡防疫事务及社会参与研究——基于新加坡华文报刊的考察》，《东南亚纵横》2021年第3期。

② 廖文辉：《英殖民时期马新华商的社会服务和贡献》，《马来西亚人文与社会科学学报》2014年第2期。

一须经他许可，才能够成立，以致华侨听着“华民”两字就怕。不但如鼠之于猫，并且可止儿啼，其威慑可想而知。这些游历南洋的中国人对华民护卫司署的认知有以偏概全之嫌。事实上，华民护卫司署的部分职能逐渐为华人社会所认同的原因在于：殖民地华人乐于接受护卫司署作为一个解决他们私人和家庭麻烦的机构；虽然华人意识到华民护卫司署无权处置其申诉、裁断其争论，但是他们仍然在数不胜数的问题上寻求护卫司的建议和帮助①。1898年，新加坡华民护卫司伊文思在其年度报告中提及本年接收的诸多案件，并补充道：只要华人能够接受劝说为自己挺身而出，控诉那些造成其悲惨经历的人，所有问题便会迎刃而解。马来联邦华民护卫司署在1926年处理了2405起华人寻求帮助的案件。特别是华民护卫司署的“准法官”身份及对华人底层社会的友好态度，华民护卫司署类似于穷人法庭，所有华人在该法庭无须支付费用和聘请律师。由于这些官员解华人习俗、会说中文，他们能够聆听控诉、宣判赔偿、裁决争执和调解争端。这样的安排可以减少一些可能出现的社会内部冲突②。

首先，妇女群体对华民护卫司署逐渐认同。范若兰指出，19世纪华人各种宗亲会馆和地缘组织在解决婚姻、家庭问题上

---

① Eddie Tang, “*British Policy Towards the Chinese in the Straits Settlements: Protection and Control, 1877—1900*” (Australian National University Masters of Arts Thesis, 1970), p.69.

② Wilfred Blythe, *The Impact of Chinese Secret Societies in Malaya* (Kuala Lumpur: Oxford University Press, 1969), p.7.

发挥主要作用，而随着殖民地法律体系和行政机构的完善，20世纪以后法庭和华民护卫司署在解决华人婚姻家庭问题上发挥了更大作用，特别是华民护卫司署[1]。华人妇女也更倾向于通过华民护卫司署解决婚姻、家庭问题。除非华民护卫司无法对此进行调解，才通过法庭解决。《槟城新报》在1929年11月29日报道了一宗案件：一名已婚华人女子向怡保华民护卫司署报告，她是某富商之妾，因遭受丈夫欺凌侮辱而决意请求离婚，华民护卫司传唤该富商到署问话，最终判决双方离婚，并命令富商赔偿女子一些叻币以便其回国。对此类情况《益群报》也有较多报道，如无家可归的老妇人到华民护卫司署寻求暂住居所、妇女请求华民护卫司署帮忙找回失踪的丈夫。华民护卫司署对弱势华人相对温和与宽容的处置方式，是其逐渐获得华人社会认可的原因之一。如1924年2月新加坡助理华民护卫司史德林在巡逻时抓获34名妓女，其中26人携带性病。在承认监察不力的同时，史德林并不打算控告这些女性，认为她们是为了谋生，只需对其加强管理。[2]

其次，劳工群体逐渐认同华民护卫司署。起初华民护卫司署对华人劳工的保护并未获得诸多劳工的认可，雪兰莪华民护卫司署在1896年仅批准了200份劳工合同，认为华人倾

---

① 范若兰：《性别与移民社会：新马华人妇女研究（1929—1941）》，暨南大学出版社，2019，第273-275页。

② "Haunts of Vice," *The Singapore Free Press and Mercantile Advertiser* (Weekly), February 6, 1924, p.7.

向于原有矿场规则，而非签订书面合约。到1900年雪兰莪华民护卫司署登记合同的劳工已有1355名，另外在新加坡签订合同并抵达雪兰莪的2856名华工也前往当地华民护卫司署进行登记。特别是到1929年世界经济危机爆发后，陷入困境的华人更多选择求助于华民护卫司署。在霹雳，华民护卫司署遣送华人回中国的措施也得到底层华人认可。如《益群报》报道，1930年5月，华人社会得知华民护卫司署资助华人回国，前往华人护卫司署讨要船票者一日竟达千人，华民护卫司署、矿务衙门等处睡满华人。因华人出现争抢船票的情况，官方不得不出动警察维持秩序。此次事件迫使官方宣告停止资助华人回国，华民护卫司署也宣布停止发放相关船票。

## 第二节　部分华人对华民护卫司署的抵制

虽然大部分华人已经认可华民护卫司署在维护秩序、解决纠纷及与殖民地政府沟通等方面的作用，但仍有部分华人群体对这一机构持抵制态度，或以极端形式进行反抗，或消极应对。持抵制态度者，或是其个人利益受到华民护卫司署影响，或是视华民护卫司署为殖民地政府代表，更多的是对华民护卫司署不甚了解。就华民护卫司署自身而言，其职能定位的相对模糊、工作范围和效果的有限性、执行过程合法性不足等因素，也是其受到部分华人抵制的重要原因。

## 一、以极端方式对抗华民护卫司署

激烈对抗华民护卫司署的群体主要可分为三类：一是被华民护卫司署抑制其产业的群体，如华人秘密会党党徒、妓院老板等；二是政治活跃群体，如无政府主义者、民族主义者等，以及因反抗殖民统治而攻击华民护卫司署的人士；三是由于不满意华民护卫司署的处置意见，通过袭击华民护卫司署官员以表达不满的群体。

反抗华民护卫司署最激烈的形式无疑是袭击华民护卫司署高级官员。1934年前发生了多起影响较大的袭击华民护卫司案件。一是毕麒麟在1887年7月18日被华人秘密会党党徒袭击一案。因毕麒麟在压制华人赌博问题上发挥了重要作用，引发华人秘密会党等利益受损者的强烈不满，毕麒麟于1887年在办公室遭到华人秘密会党党徒蔡亚惜掷斧袭击，毕麒麟也因身体难以恢复最终不得不在1889年退休。二是1925年女革命党人黄素英行刺雪兰莪华民护卫司一案。黄素英等人于1925年1月22日上午，在伪装与雪兰莪华民护卫司在华民护卫司署商讨事宜之际，从箱子里拿出炸弹，炸伤华民护卫司理查兹，黄素英被警察局逮捕并移交法院审理。此后华民护卫司署严加镇压华人的革命活动。此事件在中国也引起较大关注，《时报》对此撰写《吉隆坡华民政务司被炸》一文进行报道："英国之海峡殖民地日来正大捕党人，凡曾提倡新思潮者，均被视为犯罪嫌疑人而加以逮捕。槟城某校教员梁一余，闻亦为所逮禁。梁君被捕后，防守甚严，不许他人探视。"

部分华人把华民护卫司署视为英帝国主义和殖民主义的化身加以抵制。据《海峡时报》1930年9月10日报道，9月9日在吉隆坡华民护卫司署，多名华人青年为发泄对英帝国的不满，在华民护卫司署的墙壁上到处刻画“打倒英国”“反对帝国主义”“打倒英帝国主义”等字眼，一名华人因此遭受控告。

少数不接受华民护卫司署判罚或者处置的华人，也采取极端措施抵制华民护卫司署。1902年12月，新加坡一群拒绝执行劳工合同的华人被判入狱，这些劳工挟持华民护卫司埃文斯并不容许警察营救[①]。1926年11月25日，新加坡华民护卫司署助理翻译与另外一位官员前往亚历山大路搜寻两位失踪的华人少女，他们在进入一间屋子解救被锁住的少女时遭到三名华人的攻击，后来这三人被华民护卫司署指控受审[②]。

## 二、消极应对华民护卫司署

部分利益受到影响的华人对华民护卫司署的主要态度是消极应对。如华民护卫司署仅有公娼妓院注册名单，无从掌握私娼群体的信息，从而影响废娼政策的执行。妓院面对政府的登记政策并不积极，在吉隆坡，华民护卫司署1894年报告指出，当地39家妓院仅有1家进行了登记。在妹仔问题上，华民护卫司署认为华人社会没有养女习俗，因此在《妹仔条

---

① “Protection for the Protector,” *The Singapore Free Press and Mercantile Advertiser* (Weekly), December 11, 1902, p.370.

② “Girl Chained Up,” *Malaya Tribune*, December 29, 1926, p.8.

例》当中把此类女童界定为妹仔并加以禁止。这一划分引发部分华人不满，指责华民护卫司署不熟知华人社会中盛行的养女习俗，不公正地将此纳入非法[1]。因此，《妹仔条例》颁布后大多数华人没有积极响应，到1933年11月马来亚仅登记2880位妹仔。在此局面下，专门负责妹仔登记事宜的华民护卫司署官员不得不疲于奔波[2]。曾受益于1932年《妹仔条例》的林秋美在其自传中提及该条例执行初期，诸多妹仔持有人包括她的原主人对此视若无睹，指责官方并不了解收养妹仔背后的善意，也不熟悉其中的华人文化。

部分华人对华民护卫司署这一机构知之甚少，更别提向其求助。黄贤强统计了《槟城新报》报道的1895—1900年槟榔屿"红灯区"27起纠纷，以警察为唯一"受招处理者"的案件占据绝大部分，以华民护卫司和警察为共同"受招处理者"的案件只有2件，以华民护卫司为唯一"受招处理者"的案件只有1件[3]。可见，华民护卫司署在娼妓案件处理过程中与华人妇女接触较为有限。1894年7月，新加坡一名遭遇悲惨的华人妇女求助华民护卫司署无门，最终假装自杀才引发关注，得以逃离原雇主的控制，对此《广告人日报》指责

---

① "Mui Tsai Bill," *The Singapore Free Press and Mercantile Advertiser* (Weekly), January 29, 1932, p.7.

② "Working Of Mui-Tsai Ordinance," *The Straits Times*, November 15, 1933, p.12.

③ 黄贤强：《跨域史学：近代中国与南洋华人研究的新视野》，厦门大学出版社，2008，第136-137页。

华民护卫司署对妇女的保护工作未曾深入到华人底层社会：如此环境下99%的华人妇女被阻止让外界了解她们的诉求，政府的良苦用心是通过护卫司署来执行的，后者却完全陷于困境且徒劳无益……华民护卫司经常走访这些地方，但只要是以保护妇女为目标的，其走访不过仅仅是一场闹剧。1932年《妹仔条例》之所以效果不佳，原因之一是大部分未登记的妹仔未意识到其非法移民的身份，更别提求助于华民护卫司署。新到华人移民对华民护卫司署知之甚少，轻信中介对华民护卫司署的负面描述，从而产生抵触心理。如1878年毕麒麟初创妇女保护中心之际的效果并不理想，因为大部分妇女畏惧接受这种形式的帮助。

华人社会对于保良局及其中女性往往持有偏见。“社会上一般认为投身保良局的妇女是最可耻的……有身家地位的人不会娶她们，就是引车卖浆者流，除非讨不起老婆又不惯独身的，也不愿和她们结婚。”[①]《星洲日报》在1907年报道了一起案例：一位名为阿秀的农村妇女被华民护卫司问话后，被断定为可疑对象而被送到保良局，为此忧愁不已，最终悬梁自杀。《侨务月报》评论1933年新加坡华民护卫司报告时也指出，保良局“在我移民之中，究属一极不名誉之事”。妓院抹黑保良局，意图以此恐吓妇女并让其畏惧保良局。

除对保良局不了解、受负面信息影响外，华人妇女对保

① 李词庸：《南洋保良局制度与华侨妇女》，《女子月刊》1936年第10期。

良局反应不积极也有客观因素使然。首先，保良局较为恶劣的生活条件为部分被收容女性所排斥。各地保良局的环境较为简陋。《海峡时报》在1932年指出，新加坡保良局虽然建立了近半个世纪，但直到最近四五年，这些不幸少女的食宿条件才明显改善。被贩到新加坡做妹仔的林秋美，在1933年被安置到保良局，她发现保良局比主家的生活条件还差。这里喧闹拥挤，住着数百人，既有婴儿，也有成年人，大部分是华人，少部分是印度人。许多人曾是娼妓，不停地谈论着她们在街上赚钱的事，其他人是妹仔或者孤儿。有的人为了逃婚来到这里，少数人还犯过罪。有时缺水，她们被迫喝抽水马桶里的水。对于秋美来说，这种生活好比进入另一个地狱[①]。自由受限引起被收容女性的抗议，槟榔屿华民护卫司在1919年的年度报告中提及，当年有一名女孩从保良局潜逃，但随后被追回。其次，在一些保良局的前身收容所，其管理者多为天主教传教士。对西方宗教的天然排斥使得不少女性对保良局持否定态度，促使殖民地政府消除保良局当中的宗教因素。1894年，新加坡保良局一位女官员以向保良局被收容女性传教为使命，引发被收容女性抗议，保良局委员会针对此事曾专门开会，决定禁止该官员的传教活动，但该官员拒绝遵守，最终殖民地总督访问保良局并召开委员会会议裁决

① 李雯：《身似断云零落——20世纪初期新加坡的妹仔》，《华侨华人历史研究》2011年第1期。

此事，重申保良局管理层需尊重华人妇女的信仰。黑尔在1897年2月提议于吉隆坡设置保良局的备忘录中也指出，该机构的管理者应为世俗人员而非天主教徒，否则会导致华人反对，因为他们大多是佛教徒或者道教徒，这一建议被政府接纳。

华民护卫司署并无确切的职能范畴，在华人族群当中的形象难以定形，也是华人族群对其消极看待的原因之一。如《海峡时报》在1926年报道，一名华人的土地财产遭受非法侵占时求助于华民护卫司，认为这是华民护卫司署的职责，但却被华民护卫司告知此已超出其职责，他不会在华民护卫司署得到任何帮助。该报道的作者质疑："对我、对其他华人来说，似乎所谓的'华民护卫司署'并非致力于保护，而是研究和向政府汇报关于华人所有一切事务。"①20世纪20年代初，海峡殖民地华人秘密会党活动反复，华民护卫司署与警察局未能采取有效应对措施，出现受害者不愿向华民护卫司署求助的情形，有时未能很好履行职责也导致华民护卫司署在华人社会中的形象打折。《三州府文件修集》记载了一位名叫庄笃坎的福建泉州籍华人移民，在被诱拐时未能得到新加坡华民护卫司署的帮助，他自述道："该匪挟赴英署，即以甘言蜜语教授供词，坎漫应之。殆至英官问坎是否甘愿佣工，坎称不愿，英官立命该客栈主带回。岂知该匪另行幽禁，重加酷打，谓认愿则生，不认愿则死……"

① "The Chinese Protecorate," *The Straits Times*, April 23, 1926, p.10.

## 第三节　清政府领事馆与华民护卫司署的纠葛

对马来亚诸州设立的华民护卫司署，中国民众的态度各异。1887年至新加坡游历一个月的李钟珏认为，华民护卫司署是专门压迫华人的机构，其所著《新加坡风土记》对此机构评论道：专管华人一切事，名为护卫华人，实则事事与华人为难。华人生聚既繁，事端日出，亦有领事可办之件，皆为华民护卫司侵夺，动多掣肘。他把新加坡华民护卫司署认定为与华人族群对立、与清政府领事馆争夺华人领导权的官方机构。与之相反，有学者认为，因其保护华人的贡献，新加坡华民护卫司署的美誉已经传遍中国南部的港口，而这些港口是华人移民的主要出口点。华民护卫司署为移民提供了公平环境，使得华人免遭客头控制[①]。

对于清政府驻马来亚领事馆在海外华人领导权、华人财富等方面的争夺，殖民地政府和华民护卫司署采取多种应对措施。面对马来亚被贩卖华工的种种不幸遭遇，左秉隆在任期间试图与海峡殖民地政府商讨废除劳工贩卖事宜，被英国政府以这一领域由华民护卫司署负责为由，禁止左秉隆参与相关讨论。毕麒麟在1886年备忘录中指责清政府驻新加坡领事馆除了为其政府谋求钱财利益，没有履行其他任何职责。在早期为

---

① Chu Tee Seng, “*The Singapore Chinese Protectorate 1900—1941*”（Undergraduates thesis，University of Malaya，1960），p.16.

解决经费困难问题，清政府驻新加坡领事馆向过往的中国船只发放船牌、征收船牌吨位费，被海峡殖民地政府认为是越权之举，华民护卫司署也加大阻挠。最终在1882年3月，海峡殖民地政府禁令海峡殖民地造的船只向清政府驻新加坡领事馆申领船牌。此外，在清政府“奖以虚衔、封典翎枝”政策下，1877—1911年，马来亚共有200多名华人被清政府授予爵位。此举不仅使清政府敛得大量财富，还增强华人精英对中国的认同，清政府领事馆与华民护卫司署之间的缝隙进一步扩大。黄遵宪于1891—1894年担任驻新加坡总领事，在争取保护华侨方面成绩斐然，如改善侨胞待遇、发展华侨教育、创设护照制度等，但为殖民地政府所不容。此外，左秉隆、黄遵宪等还致力于在马来亚弘扬中华传统文化，发展马华文学，以凝聚华人上层对清朝政府的向心力，因此领事馆不只成了士人交际的公共空间，同时在殖民地建立一个帝国文化意识延伸的场所。新加坡华民护卫司署攻击其使用强制手段从华人社会敛财，包括迫使华工上缴部分工资、从鸦片贸易中抽取提成等，建议政府撤销黄遵宪的总领事职务，殖民地政府接纳这一建议。助理华民护卫司黑尔在1896年的备忘录中指出：如果他（黄遵宪）继续留任5年，他会严重地削弱华人到目前为止仍然倾向于我们的好感。他建议针对华人特别是土生华人设立一套官方的奖励机制，向其灌输政治忠诚理念。可见，华民护卫司署与殖民地政府甚至不惜以干涉中国内政的形式，阻止清政府领事馆继续扩大在马来亚华人社会的影响。

尽管华民护卫司署与清政府领事馆自同一年设立起便有对立之意，“二者都以治理华人事务为首要任务，也意味着中英两国都企图争取本地区的华族作为自己的政治资本”[①]，但华民护卫司署若干维护华人社会稳定的措施也得到了认可，突出表现在保良局事宜。对于马来亚诸州设立保良局以保护华人妇女，清政府领事馆颇为赞赏之。新加坡保良局的设置一定程度上归功于清政府驻新加坡领事左秉隆，他于1886年协同华绅向时任海峡殖民地总督C.史密斯建议，在华民护卫司署之下设立机构以保护娼妓妇孺，C.史密斯接受此建议并聘请左秉隆为保良局委员会委员。同样担任过保良局委员会委员的黄遵宪，不仅给保良局捐款，还在1907年呈请清政府，对七州府华民护卫司统领保良局维护华人妇女名节的做法加以表彰，并在《光绪三十三年新加坡总领事凤仪代新加坡职商呈请奖新槟麻等七州府华民护卫司奚尔智的禀文》一文中指出：“坡埠特设保良局一所，凡妇女贫苦无依，不愿再适，节操可嘉，均为收养，以及妓馆藏蓄幼女，一经查出，发交该局，及时择偶。内地匪徒拐诱子女来坡冒任亲属以图欺稀，该护卫司于初到时亲自细诘，无不洞破诡谋，立置之法……”黄遵宪为此奏请清政府为奚尔智“奖赏优等宝星”。

华民护卫司署与清政府领事馆在一些具体问题上进行合

① 徐李颖：《佛道与阴阳：新加坡城隍庙与城隍信仰研究》，厦门大学出版社，2010，第72页。

作。1892年，清政府驻新加坡领事馆与华民护卫司署便曾合作逮捕名为“水陆平安”会党（在马来半岛、缅甸和中国专门从事针对华人船只的抢劫和谋杀活动）的多位成员。1890年前后，双方在管理鸦片贸易问题上也有所合作。

华民护卫司署对清政府领事馆的活动更多的是监督和提防。有学者指出，中国1877年在新加坡设置领事馆，是海外华人“再华化”的开端，或者从中国外交史意义的视角来看，该举措可谓是“发现南洋华人”的标志。对于黄遵宪在马来亚种种争取华人的活动，新加坡执行华民护卫司在1892年报告提醒总督，清政府领事馆完全无视华民护卫司署以及其他保护华人的政府机构。1896年，新加坡助理华民护卫司黑尔在报告中指责以黄遵宪为首的清政府官员，为敛钱财而在海峡殖民地极尽剥削华人之事；指出黄遵宪的活动在华人社会影响极大，乃至产生“国中之国”的情绪，其广泛影响不止在海峡殖民地和其他马来诸邦，也包括南洋的其他地方。黄遵宪在任期间在颁发华人执照、鸦片贸易管理等方面，与殖民地政府争权夺利白热化，因此华民护卫司署并不掩饰其对华人领事馆的敌视，华民护卫司署乐于见到在殖民地撤销清政府领事馆。华民护卫司署总是认为建立领事馆即便不是直接政治威胁，也是严重的竞争[①]。华民护卫司署已把清政府领

① Eddie Tang，“*British Policy Towards the Chinese in the Straits Settlements*: *Protection and Control*，*1877—1900*”（Australian National University Masters of Arts Thesis，1970），p.236.

事馆在争取当地华人认同方面的效果，视为对英国殖民统治的政治威胁，敦促殖民地政府采取相应措施。新加坡助理华民护卫司在1896年9月30日呈递给海峡殖民地总督的长篇备忘录，表达了对清政府领事馆的敌意，敦促总督制止其影响的扩大：

毫无疑问，（英国）政府同意在海峡殖民地任命华人领事馆官员是错误的……到目前为止，殖民地很大比例的贸易和财富为华人掌握……这样自然地给中国官员更多机会通过华人领事馆干涉当地事务。而干涉之所以仍较为有限，唯一原因是华人领事馆陷于与华民护卫司署与当地政府的冲突当中……中国政府在海峡殖民地的影响较殖民地当局更广泛，这是通过多种间接途径实现的。我可以通过华人领事馆及其机构，收集诸多关于中国政治目标的小册子……我认为殖民地政府需要通过设计若干可具操作性的措施，培养华人公民的忠诚意识。

不过，有学者指出，海峡殖民地政府官员最初并不反对清政府设置领事馆，将其视为一项试验性措施、一个政府信息的额外来源及华民护卫司署的宝贵联盟。此外，清政府驻马来亚各领事馆的外交官当中，只有左秉隆和黄遵宪任期较长并且相对积极争取华人效忠于清政府。中国时局的不稳定导致清政府驻马来亚各领事馆的领事频频调动，加上华人社会分裂加剧，1894年黄遵宪结束任职后的清政府驻新加坡领事馆不复往昔在华人族群中的影响力，便较少为华民护卫司署和殖民地政府所忌惮。只有1909年清政府颁布《大清国籍条例》，第一次提出以血统主义原则为判定国籍标准，推动马来亚华人更关注祖籍国的情况，提升对中国的归属感。而在中华民国初期，中国军阀割据导致驻马来亚各地方的领事频繁更换。中国驻新加坡的总领事在1921年9月—1929年1月间，几乎每年都是新面孔，如表10所示：

**表10　中国驻新加坡历任总领事（1921年9月—1929年1月）**

| 姓名 | 职务 | 任期 |
| --- | --- | --- |
| 罗昌 | 署理总领事 | 1921年9月—1923年11月 |
| 周国贤 | 署理总领事 | 1923年11月—1924年11月 |
| 马廷亮 | 署理总领事 | 1924年11月—1925年1月 |
| 贾文燕 | 署理总领事 | 1925年1月—1926年2月 |
| 冯祥光 | 署理总领事 | 1926年2月—1926年6月 |
| 欧阳祺 | 署理总领事 | 1926年7月—1927年5月 |
| 李骏 | 署理总领事 | 1927年5月—1929年1月 |

资料来源：柯木林主编《新加坡华人通史（上）》，福建人民出版社，2017，第203页。

中国领事馆官员频繁更换使其职能的执行无从保障，更难言有长期规划与不同举措，意味着华民护卫司署不必过度关注该机构。

# 第六章

# 华民护卫司署与马来亚华人族群的形塑

设置华民护卫司署，体现了英帝国和殖民地政府对马来亚华人族群重要性的认可。自华民护卫司署成立起，该机构不仅在华人族群中扮演了重要角色，也是马来亚殖民统治体系中不可磨灭的标记。特别是在毕麒麟担任新加坡华民护卫司时期，华民护卫司署被当地报纸称作“新加坡历史20年前另一个最显著的特色”。从维持殖民统治秩序的角度而言，华民护卫司署的设置是英国殖民政府“强迫同化”理念下治理华人族群的里程碑。《海峡时报》在1959年回顾马来亚华民护卫司署的历史时，评价道：“它在马来亚疆域的行政机构中扮演了独特角色，如果没有其专业知识、视野和建议，难以完成对数以万计前来马来亚的勤劳而积极的华人的管理任务，特别是在19世纪最后30年。”在英帝国引以为豪的殖民治理手段中，思想层面的宗教和世俗层面的教育、司法最为重要，马来亚华民护卫司署大体可归为司法方面的内容。华民护卫司署本质上为马来亚官方维护华人族群秩序、保障英国殖民治理的机构。正如时人于1932年2月致信《海峡时报》时指出，“护卫司”一词令人迷惑，护卫司本身便是“防止华人成为滋扰稳定因素以及避免给政府制造麻烦”，因此可以考虑对其更名。总之，华民护卫司署自成立起，便成为马来亚为官方与马来亚华人族群沟通的主要桥梁，对马来亚的华人族群具有深远影响。

## 第一节　华民护卫司署推动马来亚华人族群法治理念的建设

1907年2月新加坡华民护卫司巴恩斯离任时，诸多华人联名发表公开信以感谢其任期内对华人社会的贡献，巴恩斯在回复中称赞华人族群是殖民地最遵纪守法的群体，并认为他只是充当了政府与华人社会之间的“中间人”。自1870年起，华民护卫司署作为这些法律的主要执行机构，对于推动马来亚华人族群法治建设的作用巨大。

华民护卫司署逐渐发挥会党、社团、宗族会馆在解决华人社会纠纷中的作用。华民护卫司署整体上展示的系统性官僚、司法和行政等元素，在华人社会塑造了官方治理的形象。华民护卫司署官员与所有的宗族、地域、省份没有任何关系，可以保证其公正性[1]。又如华民护卫司署在保护移民方面的努力，改变了华人就业过程中以往的“雇主—雇员”模式。在这之前雇主对于使用虐待等方式并无忌惮，而华民护卫司署这一“达摩克利斯之剑”使他们有所收敛。契约劳工合同的期限方面，在华民护卫司署的努力下，从5年降至3年，最后缩减为1年，改变了华人契约劳工的工作条件。

华民护卫司署介入华人社会的纠纷，深刻改变了华人族群的法律观念。华人原来设立自己的制度，按自己的规矩行事。在英国殖民政府介入后，华民护卫司取代了甲必丹、华人秘密会党的地位，华人转而遵循西方法律制度，华人社会从自治状态转变至法治状态。甲必丹治理时期，甲必丹可自行设置法庭以解决华人社会的纠纷，因此西方法律制度难以执行到华人底层社会，后者也无从接触和认知法律条文的内涵。剥夺甲必丹的仲裁权力，将其部分转移至华民护卫司署，后者在实践中将之灌输给华人群体。如1887年槟榔屿暴动调查委员会报告中记录了大伯公会的21条会规，其中第10条为：会内兄弟犯事，本会将协助其逃走，不能让其被捕受罚：若他们逃走时向本会长辈求助，而长辈拒绝，导致其被逮捕，则该犯错的长辈不予原谅。华民护卫司署较大程度参与到对马来亚华人族群构建治理体系的进程当中，使得该体系虽然

---

① 威尔弗雷德·布莱斯：《马来亚华人秘密会党史》，邱格屏译，中国社会科学出版社，2019，第190页。

不能称得上是完全取代华人既有的体系，但却已经成为华人必须遵循的规范，或是各种运作的其中一个选项。虽然华人解决问题未必能把法治体系置于首位，但国家秩序和华人自行治理体系之间的消长成为趋势。

华民护卫司署在推行法治时，也在一定程度上顾及华人社会的文化与习俗，尽量避免二者发生冲突。统领马来联邦州属内华民护卫司署的马来联邦华民事务秘书，在1899年《华民事务秘书法令》中被要求：在决定或解决任何事件时，要在当时情况和法律允许范围，特别注意华人习俗。若有需要，可以要求一位或多位华人顾问协助解决这些问题。雪兰莪的华民护卫司署与甲必丹共存时期，是当地华人社会从自治到法治的过渡阶段。布莱斯指出，直至20世纪80年代，甲必丹虽然已不为官方所承认，但仍在社区内充当纠纷的仲裁者角色，华民护卫司还在办理某些涉及社区成员案件时咨询其意见[①]。雪兰莪华民护卫司署为避免西方法律和中式习俗的冲突，在涉及华人习俗案件时通常交由华人处理。如将母子失和、夫妻反目的案件转交给会馆调查。而在吉隆坡，华人甲必丹与华民护卫司署共存11年，协作处置华人事务，亦表明了英国政府在华人族群推行西方法治制度与理念进程中的渐进策略。马六甲从1892年设置华民护卫司署到1911年有专

---

① 威尔弗雷德·布莱斯：《马来亚华人秘密会党史》，邱格屏译，中国社会科学出版社，2019，第143页。

职护卫司前，华人寺庙青云亭亭主也曾代理华民护卫司共治华人族群事务，包括一些方言会馆，也作为维持基础法律和秩序的自治机构，承担部分民事案件的仲裁职能。如广肇会馆的记录显示，仲裁是该会馆1890—1904年最重要的职能，因在吉隆坡华人社会组织中的领导地位，它负责解决当地华人社会的纠纷问题，在这15年共受理了142例案件[①]。

总而言之，华民护卫司署导致华人社会自治权限削弱及诸多权利受限，原来以华人秘密会党为中心的自治模式瓦解，由此形成新的社会自治模式。华民护卫司署已经成为“华人的政府”，而不再存有所谓的“政府中的政府”的华人组织了。华人社会与政府之间有了直接联系，1882年海峡殖民地总督维德在致信国务秘书时写道，华民护卫司署最大的优势是通过这个办公室，华人社区每一个不懂英语的人都可以写信给殖民政府的秘书，并保证把他的任何请求提交给政府。

华民护卫司署作为构建和维持殖民政府法律秩序的重要机构，其若干游离于法律法规模糊地带的行为，徘徊于合法与非法的边缘，不利于其营造公正执法者形象。1898年，槟榔屿代理华民护卫司芬斯顿把10名被发现为正在以不道德目的进行训练的少女移交到保良局，但槟榔屿最高法院以证据不足为由要求下令释放。尤其是《妇女与女童保护条例》生

① 颜清湟：《新马华人社会史》，粟明鲜等译，中国华侨出版公司，1991，第45-46页。

效后，华民护卫司署官员的执行权问题多次面临华人的诘问。1889年7月，槟城华民护卫司署与警察局抓捕两名疑似从事卖淫的未登记女子和华人屋主，女子先后被带到警察局、医院、警察法庭，而屋主则被监禁。为此华民护卫司署官员被指责对屋主和两名女子的处理均是在没有确定罪责情况下推进的，属违法行为，须有人承担违法行为。1899年，新加坡华民护卫司伊文思把一名不满16岁的少女移交到新加坡保良局，但是新加坡最高法庭用证据表明该少女已17岁，并且居住在其亲戚家中，而不是以不道德目的进行训练，最终裁判释放该少女。1900年1月初，新加坡最高法庭审批的一个案件显示，华民护卫司署扣留了三名原来住在尼布赖特女士家中的15—16岁少女，认为尼布赖特是出于非道德目的而收养这些女子。尼布赖特女士则辩论道，这些女子有两名是其养女，另一名年龄相对大的是女佣。在无充分证据下，根据现行法令，华民护卫司无权带走这些女子。在裁判过程中，华民护卫司伊文思确实无法提供有力证据，最高法院判决华民护卫司署释放这3名女子。1929年5月，新加坡华民护卫司控告华人妇女拐卖女性并强迫其从事卖淫，被控告者辩称根据《妇女与女童保护条例》，华民护卫司无权在行动中逮捕其所有顾客，但地方法官却坚称华民护卫司有此权限。

## 第二节 华民护卫司署推动马来亚华人族群从分散到凝聚

虽然华人社会仍存在不同的方言群体，但已作为一个华人族群整体展现出松散的关联性。因为殖民地政府、华民护卫司署将其视为一个族群进行治理，而华人社会也作为一个整体来回应华民护卫司署，之后才是各自派别的区分。华人参事局、保良局等机构虽然在成员名额分配上仍维持华人传统帮派结构的架势，但为各帮派提供了正式平台用以沟通、协调，有助于帮派之间的互动。

华民护卫司署对华人社会政治生态的打破与重建，特别是通过推动帮权结构的实际科层化及其政治活动分工化，以超帮派合作为标签的民间团体的涌现，冲击了以往以帮派为中心的华人族群政治生态，迈向跨越帮派的政治合作。首先，是对华人秘密会党的抑制，降低新马华人社会内部出现大规模冲突的概率。其次，是使得以往依靠会缘支持而割裂成一个个孤岛的华人社会出现新的整合机会，也使得华人社会必须考虑，在各自均缺乏自卫力量的情况下，如何达成团结，仲裁分歧，与殖民地政府周旋、与其他外国势力抗衡、与土著势力合作，争取华人社会的整体利益[①]。地缘、业缘和血缘（“三缘”）组织获得更迅速发展，成为华人族群中最广泛的

① 危丁明：《香港孔教》，宗教文化出版社，2016，第46页。

自发组织。“三缘”纽带把马来亚华人更紧密地凝聚起来。据统计，20世纪初至20世纪40年代，马来亚新成立的地缘组织近200个；特别是在新加坡，新成立地缘组织有50个、血缘组织超过20个、业缘组织约70个[①]。此外，华民护卫司署与清政府领事馆对华人控制权的竞争，深刻影响了华人社会的帮权结构与帮权政治，二者在华社宣传亲英和亲中的政治思想，把帮权思想提升到国家意识的层次[②]。

各帮派合作、整合成为合法形式的现代社团，以便向华民护卫司署和殖民地政府争取医疗、教育、丧葬等方面的政策利好成为趋势。如自19世纪90年代起，新加坡华人社会诸多活动出现了福建帮、潮州帮、广东帮、客家帮、海南帮“五帮共治”的融合现象[③]。1930年广东会馆这一突破地域帮派藩篱的粤籍华侨联合社团成立，广东省内潮州、客属、广府、琼帮这四大帮派原本松散的阵营，有了更紧密的纽带。林孝胜指出，在19世纪80年代和90年代，华人社会跨越帮派的活动成为新潮流。帮际合作与交往的增多，突破华人族群的畛域观念，共同体意识在此过程得到发展。1881年平章公馆的成立，突破帮权结构的藩篱，推动帮际合作运动。这

---

① 林远辉、张应龙：《新加坡马来西亚华侨史》，广东高等教育出版社，1991，第357页。

② 柯木林主编《新加坡华人通史（上）》，福建人民出版社，2017，第84页。

③ 李勇：《语言、历史、边界：东南亚华人族群关系的变迁》，社会科学文献出版社，2012，第145页。

一机构以处理华人日常纠纷为己任，在20世纪初其角色略似海峡殖民地政府的咨询机构，得到殖民地政府的诸多支持，华民护卫司署也在土地、资金等方面向其提供便利。不过到第一次世界大战爆发后，其活跃不复，与殖民地政府沟通也有所减少，导致其咨询功能逐渐失效。

与此同时，地域性或者血缘性会馆得到支持，校友会、体育会等以爱好或同源为基础组建的社团亦有所发展。如1882年5月成立的文学与辩论协会、1909年6月成立的海峡中文读书会等，更是超脱旧有的以血缘、业缘、地缘等为标准的组建模式。这些协会之所以得到支持，在于其以提升华人英语水平为要旨，符合殖民地政府引导华人增强对强势的英国文化的认同。这些会馆与社团从孤立无序的地区性组织，迈步到联合有序的伞形组织，从而推动本地华人社会的一体化。

华民护卫司署也直接帮助华人帮派缓解紧张关系，化解潜在的分化危险。新加坡第二大帮派潮州帮管理机构义安公司，因其核心管理层的封闭性和世袭性而引发其他帮众不满。1927年以林义顺为首的一批领袖意欲改组义安公司，组织潮州八邑会馆取代义安公司，由此导致潮州帮内部出现分裂苗头。最终华民护卫司出面调停争议，促使双方就财产处理、机构改组及权责分配达成协议，从而避免潮州帮的分裂[①]。在

① 林干：《新加坡华侨华人史话》，广东教育出版社，2018，第147页。

此整合过程中，华民护卫司署推动潮州帮从家族式帮权向现代民主式帮权转型。1887年广东帮、客家帮因争夺福德祠香油钱而对簿公堂，华民护卫司与总巡捕携手裁断才使该诉讼案得以平息[①]。

华民护卫司署在保护华人移民女性方面的诸多措施，推动改善马来亚华人族群性别严重失衡问题，为华人族群的“生根”创造了条件。据统计，1911年每千名华人男性对应241名女性，到1921年转变为每千名华人男性对应384名女性。华人妇女移民的增加，是形塑马来亚华人社会的根本要素之一，也是维系华人社会的族群元素和传统文化特性不可缺失的基本部分，核心家庭的增多使得马来亚华人族群从移民社会逐渐发展成为稳定社会。与此同时，对华人妇女的救济与帮扶，有助于潜移默化地改变华人社会的女性观念。

此外，华民护卫司署及其领导下若干机构对华人社会公益事业的努力，有助于加强华人族群的凝聚力。因为在此之前，华人的公益事业以乡土情结为导向，主要按照个人意愿，包括对华人妇女的帮助也是“出于乡情的牵绊，还未延展至对广泛的华人妇女的怜悯和救助”[②]。相比而言，保良

---

① 陈荆和、陈育崧编《新加坡华文碑铭集录》，香港中文大学，1972，第92–93页。

② 胡庄园：《十九世纪英国殖民新加坡时期的华人自治模式研究》，硕士学位论文，福建师范大学，2020，第70页。

局、华人参事局等机构虽然具有较浓厚的帮派色彩，但这些机构的宗旨与行动并未呈现这些因素，其对象是整个华人族群。华民护卫司署对华人劳工、妓女等弱势群体的整顿与规范，突出了以职业为划分依据，而非基于地区或者其他因素，有助于淡化地区、帮派等方面的偏见，巩固华人的群体意识。

但也不可高估此时华人跨帮派活动带来的民族凝聚力。孔飞力指出：即使是推动泛华性的民族主义运动，其根基也仍然是建立于地缘或方言群之上，尔后再交织建立起一个更宏伟的框架①。这些活动的运行模式虽然有利于新增诸如商会等现代组织机构，但很大程度依然依赖于各帮派首领对管辖成员的动员。直到中国抗日战争全面爆发后，这些帮派与地域的隔阂才渐为淡化。

## 第三节　新客华人与土生华人的关系

王赓武把东南亚华人的民族认同分为政治类认同和文化类认同两大类，其中政治类认同可细分为中国民族国家认同、华人社区认同、当地民族国家认同及强调法律政治权力

① 孔飞力：《他者中的华人：中国近现代移民史》，李明欢译，江苏人民出版社，2016，第263页。

的族群认同。华民护卫司署对华人族群的治理，推动华人社会政治类认同的分流。华民护卫司署通过监督、引导等手段，培养马来亚的华人群众特别是上层华人的亲英取向，“当地华人已经进入英殖民政府‘东方化、分化、驯化、异化’四部曲的过程当中”[①]。与此同时，自清政府在新加坡设置领事馆，开启了中国官方争取马来亚华人政治效忠的进程，孔飞力由此指出，中华民国建立后中国国民党在马来亚设立的诸多支部，既是在海外搜集信息的机构，也是对海外华人社会，尤其是对海外华人的群众运动进行控制的核心。虽然此时华人族群尚更多表现为政治层面配合英国殖民治理、文化上倾向于认可中华文化，即“双重边缘性认同”，但华人社会分裂鸿沟进一步扩大，马来亚华人族群形成两股向外的政治支流。

华民护卫司署加速了这一进程，特别是对华人绅商阶层的争取引发华人精英群体的混乱。华人侨领的崛起与升降荣辱，往往取决于华民护卫司署的态度或者策略。效忠于华人殖民地政府，是成为华人会馆、商会等华人重要机构领导者的首要因素，也是担任华人参事局成员的敲门砖，因此，华民护卫司署通过掌控华人社团注册、充当华人参事局主席等途径，培养华人绅商阶层的亲英、亲殖民地政府意识，导致

① 甘德政：《中英（英中）关系与马来亚华人的身份认同》，博士学位论文，复旦大学，2013，第95页。

华人绅商阶层的分裂。1900年8月于新加坡成立的海峡英国籍华人公会，其成员资格仅限于土生土长的华人后裔，并且须是英国籍人士，其宗旨有三：争取合法政治权益、促进英文教育发展与改善海峡华人社会境况、促进成员对英国效忠。该公会深得殖民地政府赞赏，华民护卫司署也在注册方面给予诸多特权。1912年，海峡殖民地政府批准注册中国国民党支部的原因有二：一是其前身同盟会不曾明显表现出反英反殖民主义思想。二是该支部负责人大多数为英籍华人（8名负责人有7人为英籍华人），如林文庆、陈武烈、林义顺等，均接受过良好的英文教育，相对容易被政府掌控。华民护卫司署还授权华人领袖或者领导社团代表参与管理或者监督华人事务，一方面可以缓减其人手不足的压力，另一方面可以以此培植华人领导社团对政府的服务意识。1920年，吉隆坡南天宫（九皇爷庙）发生了一起事故，华民护卫司署授权福建会馆派员对其进行逐月监管，包括检查账目，乃至干涉南天宫董事人选。通过8年的监管，因其表现良好，福建会馆在1932年将监管权交还华民护卫司署[①]。华民护卫司署在面临华人社会内部纠纷时，支持乃至要求华人会馆或华人商会出面解决问题。而20世纪20年代马来亚华人抵制学校注册法令的浪潮中，华民护卫司署加速了英人学校学生和华人学校学生

---

① 宋燕鹏：《20世纪上半叶吉隆坡福建人社群意识的形塑途径》，《元史及民族与边疆研究集刊》2017年第33期。

的分流趋势，此时海峡华人与移民群体“和平相处，河水不犯井水”。

华民护卫司署并非全然反对华人族群一些眷恋祖国的行为。《槟城新报》称，1917年厦门风灾，槟榔屿平章会馆计划邀请广福居演剧团协助筹款，槟榔屿华民护卫司悉知此事后，派出官员与平章会馆的协理们磋商，并就演出活动、所筹款项分配提出建议。宽柔学校校史记载，为响应柔佛华侨公所组织的中国水灾赈济会，1931年10月10日该校校董与柔佛华民护卫司接洽，请求准许学生前往柔佛政府各机关卖花以筹款助赈，这一请求得到柔佛华民护卫司的准许。

## 第四节　华民护卫司署与华人社会经济的转向

在华民护卫司署设立之前，马来亚华人社会经济很大程度上被帮会操控。如苦力买卖与管理、鸦片经济活动、妓院经营、锡矿业等，均有帮会组织在背后运作，若干巨商富贾的起家也与私会党紧密关联。随着华民护卫司署对私会党的管治，后者开始失去其原有的经济功能与效益，政府取代私会党在诸多经济领域中的角色。在废除赌博、鸦片、酒等的包税制度后，殖民地政府授权华民护卫司署执行许可证制度及其他法令，建构政府垄断模式。特别是对部分生产资料的管理与分配，华民护卫司署有较大权力。雪兰莪州华民护卫司在1884—1893年兼管锡矿事务部。白伟权指出，霹雳州政府1881年规定矿产买卖活动的7点管理办法，3条直接涉及华民护卫司署：一是买卖矿产的执照由华民护卫司署核发，有效期半年；二是领有执照的熔矿业需准备账簿，以供警察及华民护卫司检查；三是太阳下山后、上山前，若要进行交易，须获得警察和华民护卫司的许可。可知，华民护卫司署掌控着矿产买卖过程中的核发收购权、买卖数量、交易时间等。更重要的是，华民护卫司署掌控鸦片烟馆、酒馆、妓院、移民馆等华人经济活动场所及劳工、娼妓等的许可权限。白伟权以霹雳为例，指出英国殖民政府作为现代国家，取代并瓦解华人社会既有的经济运作体系，其所设立的华民护卫司署等机构极大程度主导了华人社会的生产资源和社会秩序。

19世纪末20世纪初起，迅速发展的华人社会业缘性社团便是取缔华人秘密会党形势下的产物。石沧金认为，19世纪90年代后新马地区华人业缘性社团的繁荣发展，一定程度归功于华人经济和华人社会的发展摆脱了华人秘密会党这一复杂因素的控制和影响。各地涌现的中华商会，便是华人社会突破帮派与行会制约、趋向业缘性整合的典范。据统计，1892—1933年，马来亚各地共成立中华商会25家，如表11所示：

**表11　1892—1933年马来亚成立的中华商会统计表**

| 商会名称 | 成立时间 | 商会名称 | 成立时间 |
| --- | --- | --- | --- |
| 山打根中华商会 | 1892年 | 亚庇中华 | 1911年 |
| 沙捞越古晋中华商会 | 1897年 | 吉兰丹中华总商会 | 1912年 |
| 槟榔屿中华总商会 | 1903年 | 马六甲中华总商会 | 1915年 |
| 关丹中华商会 | 1903年 | 彭亨淡马鲁中华商 会 | 1921年 |
| 吉隆坡暨雪兰莪中华工商总会 | 1904年 | 文律中华商会 | 1923年 |
| 古达中华商会 | 1904年 | 美里中华商会 | 1925年 |
| 新加坡中华总商会 | 1905年 | 巴南中华商会 | 1927年 |
| 霹雳中华总商会 | 1907年 | 诗巫中华总商会 | 1931年 |
| 峇株巴辖中华商会 | 1908年 | 泗里奎中华商会 | 1932年 |
| 彭亨文冬中华商会 | 1909年 | 笨珍中华商会 | 1933年 |
| 古晋中华总商会 | 1910年 | 民丹莪中华商会 | 1933年 |
| 柔佛中华商会 | 1910年 | 仙本那中华商会 | 1933年 |
| 彭亨劳勿中华商会 | 1911年 | | |

资料来源：根据石沧金的《马来西亚华人业缘性社团发展简析》整理。

因此，华民护卫司署镇压私会党后，把华人社会上中层精英引向正规经济领域，使其更多地充当“经济臣民”，并在保良局、华人参事局等半官方机构中保障华人上层商人的比例，以此鼓励这一群体专注于服务殖民地经济与社会生活。华民护卫司署通过扶持亲英殖民政府的华人团体，如平章会馆、中华总商会等，以及鼓励业缘性团体的发展，使华人与祖国的政治气象相脱离。

# 结　语

在第二次世界大战爆发前夕，殖民地政府提出建立统一的马来联邦的构想，意味着对华人族群“分而治之”的策略有所改变，马来亚华民政务司署这一机构存在本身便面临挑战。而日本占领马来亚使这一构想被打断，华民政务司署在日本攻占马来亚期间处于瘫痪状态，到日本败退后恢复运行，于 1957 年宣告结束使命。但马来西亚、新加坡的诸多政府部门如移民部、劳工部、社会福利部等，仍有不少与华民护卫司署或华民政务司署相关的痕迹，继续在华人族群中发挥作用。纵观其历史，设立之初，华民护卫司署在人员规模、办公场所、经费等方面均可谓极大受限，本身的性质与定位、职责与权限等亦较为模糊，并面临殖民地其他职能部门和官员的质疑以及部分华人的反抗，因此在早期举步维艰。经过半个多世纪的经营，到 1934 年各州华民护卫司署合并成统一的华民政务司署之前，以新加坡和槟榔屿为代表的华民护卫司署已经发展成为职能覆盖华人族群各个方面、人员初具规模的专职机构，是马来亚殖民治理体系中不可或缺的一个环节，在华人族群当中有着重要的影响力。

作为海洋型帝国，英帝国对不同类型殖民地采取了区别治理的办法。潘兴明认为，英帝国的殖民地可分为三种类型，即移民型殖民地、非移民型殖民地和二元殖民地，马来亚殖民地便属非移民型殖民地的代表。但马来亚殖民地还具有其独特性，即华人族群作为移入型群体却在诸多地方占据较大比例乃至成为第一大族群，在经济上为马来亚的开发作出了无可替代的贡献。英帝国在统治逐渐强化过程中，如何管理这一群体成为挑战。应运而生的华民护卫司署由此彰显其独特性，华民护卫司署的建立，是英国殖民治理史上一个独一无二的机构[①]。华民护卫司署的一些具体治理措施也为英国其他殖民地借鉴。泰国因受英国影响较深，1889年6月曼谷发生华人族群两大秘密会党大规模冲突。为此，泰国政府考虑参照海峡殖民地的华民护卫司署，设置专门管理当地华人的政府机构。但反过来，马来亚的华民护卫司署也参考英国其他殖民地统治华人的方式，并一定程度上受到其他殖民地治理华人族群举措的影响。

马来亚华人族群对这一机构或是接受并支持，或是从疑

---

① Eddie Tang，“*British Policy Towards the Chinese in the Straits Settlements*：*Protection and Control*，*1877—1900*”（Australian National University Masters of Arts Thesis，1970），p.66.

虑到有限认可，或是激烈反抗，也有部分为消极对待，体现了马来亚华人在被直接纳入英国殖民治理体系时的复杂心态。但总体而言，自20世纪初华民护卫司署更多关注华人族群的政治动向后，其在华人社会面临的抵制更为强烈，并作为一个负面标签为中国人所悉知。而马来亚华人族群对英国殖民治理的反应，对马来亚殖民地的运行产生深远影响。第一，马来亚华人社会秩序迈向稳定，有助于殖民政府维护马来亚统治秩序。在华人秘密会党未受沉重打击之前，部分马来人、印度人也认可华人秘密会党在维护自身利益方面的作用甚于政府。整顿华人秘密会党，亦可使这部分人群恢复对殖民地政府治理能力的信心。第二，华民护卫司署作为英帝国对马来亚“分而治之”政策的一个具体执行机构，虽然削弱了如华人秘密会党这些华人族群的特殊元素，并将其纳入英国式法律秩序中，但在其职能实施过程却无形强化了华人族群与马来亚其他族群的壁垒。第三，防范华人民族主义成为马来亚殖民政府的重要话题，华民护卫司署等官方机构执行“抑华抬马”的方针，成为第二次世界大战后影响马来亚政治格局的重要因素之一。

# 参考资料

## 一、英文文献

（一）档案、年鉴

[1] J. Harding, G. E. J. Gent, *The Dominions Office and Colonial Office List for 1935* (London: Waterlow & Sons Lim－ited, 1935).

[2] Colony of the Straits Settlements, *Blue Book for the year 1888* (Singapore: Printed at the Government Printing Of－fice, 1889).

[3] Compiled In The Federal Secretariat, *Year Book and Manual of Statistics, 1932* (Kuala Lumpur: Printed at the Federated Malay States Government Printing Office, 1932).

[4] JARMAN L., *Straits Settlements Annual Report 1855—1941* (London: Archive Editions Limited, 1998).

[5] Victor Purcell, *The Memoirs of A Malayan Official* (London: Cassell, 1965).

（二）著作

[1] A. B. Voules, *The Laws of the Federated Malay States 1877—1920*, Vol. 1 (London: Government of the Federated

Malay States, 1921).

[2] C. D. Cowan, *Nineteenth-Century Malaya: The Origins of British Political Control* (London: Oxford University Press, 1961).

[3] C. M. Turnbull, *A History of Singapore 1819—1988* (Oxford: Oxford University Press, 1989).

[4] Edwin Lee, *The British as Rulers: Governing Multiracial Singapore, 1867—1914* (Singapore: Singapore University Press, 1991).

[5] Emily Sadka, *The Protected Malay States, 1874—1895* (Kuala Lumpur: University of Malaya Press, 1970).

[6] Frank Swettenham, *British Malaya: An Account of the Origin and Progress of British Influence in Malaya* (London: John Lane, 1948).

[7] Janet Lim, *Sold For Silver: An Autobiography of a Girl Sold into Slavery in Southeast Asia* (London: Collins Clear-type Press, 1958).

[8] Lee Poh Ping, *Chinese Society in Nineteenth Century Singapore* (London: Oxford University Press. 1978).

[9] L. F. Comber, *Chinese Secret Societies in Malaya: A Survey of the Triad Society from 1800 to 1900* (New York: J. J. Augustin Incorporated Publisher Locust Valley, 1959).

[10] Mak Lau Fong, *The Sociology of Secret Societies: A Study of Chinese Secret Societies in Singapore and Peninsular Malaysia* (New York: Oxford University Press, 1981).

[11] Max Weber, *The Ethnic Group* (The Free Press, 1961).

[12] N. J. Ryan, *The Making of Modern Malaya: A History from Earliest Times to the Present* (Kuala Lumpur: Oxford University Press. 1963).

[13] P. C. Campbell, *Chinese Coolie Emigration to Countries within the Bristish Empire* (London: P. S. King&Son, Ltd, 1923).

[14] P. T. Bauer, *The Rubber Industry: A Study in Competition and Monopoly* (London: Harvard University Press, 1948).

[15] R.N.Jackson, *Pickering: Protector of Chinese* (Kuala Lumpur: Oxford University Press, 1965).

[16] Thompson Virginia, *Labor Problems in Southeast Asia* (New Haven: Yale University Press, 1947).

[17] Victor Purcell, *Chinese in Southeast Asia* (London: Oxford University Press, 1965).

[18] Victor Purcell, *The Chinese in Malaya* (London: Oxford University Press, 1967).

[19] Virginia Thompson. *Thailand, the New Siam* (New York: Macmillan, 1941).

[20] Yen Ching Hwang, *The overseas Chinese and the 1911 Revolution: With Special Reference to Singapore and Malaya* (Kuala Lumpur: Oxford University Press, 1976).

[21] Walter Makepecce, F. J. I: *One Hundred Years of Singapore: Being Some Account of the Capital of the Straits Settlements From Its Foundation by Sir Stamford Raffles on the 6th February 1819 to the 6th February 1919* Volume 1 (London: John Murray, 1921).

[22] Wang Gungwu. J. Cushman and Wang Gungwu, eds, *Changing Identities of the Southeast Asian Chinese since World War II* (Hong Kong: Hong Kong University Press, 1988).

[23] Wilfred Blythe, *The Impact of Chinese Secret Societ－ies in Malaya* (Kuala Lumpur: Oxford University Press, 1969).

（三）报刊文章

[1] Ah Eng Lai, "Peasants, Proletarians and Prostitutes: A Preliminary Investigation into the Work of Chinese Women in Colonial Malaya", *Journal of Southeast Asian Studies*, 1988, Vol.19, No 1 (1988).

[2] Chin Yoon Fong, "The Chinese Protectorate of Selan－gor 1896—1906," *Malaysia in History*, Vol. 15 (1), (July 1972).

[3] Eunice Thio, "The Singapore Chinese Protectorate: Events and Conditions Leading to Its Establishment, 1823—1877," *Journal of the South Seas Society*, Vol. 16 (1960).

[4] Khoo Kay Kim, "The Origin of British Administration in Malay," *Journal of the Malaysian Branch of the Royal Asi－atic Society*, Vol. 39, No. 1 (July 1966).

[5] Png Poh Seng, "The Kuomintang in Malaya, 1912—1941," *Journal of Southeast Asian History*, Vol. 2, No. 1 (1961).

[6] Wong, C. S., "The Protector and the Triad societies: An Outline Survey," *Journal of Southeast Asian Researches*,

(1966).

[7] Yen Ching-Hwang, "Class Structure and Social Mobility in the Chinese Community in Singapore and Malaya 1800—1911," *Modern Asian Studies*, Vol. 21, No. 3 (1987).

[8] "A 'Bad' Case", *The Singapore Free Press and Mercantile Advertiser* (Weekly), November 11, 1933.

[9] "Annual Report on the Chinese Protectorate, Singapore, for the year 1889," *Straits Times*, April 29, 1890.

[10] "Anti-Japanese Boycott," *Straits Echo*, October 14, 1909.

[11] "Chap Ji Ki," *The Straits Times*, April 28, 1909.

[12] "Chinese Advisory Board," *Malaya Tribune*, March 17, 1928.

[13] "Chinese Affairs in Malaya," *The Straits Times*, April 14, 1932.

[14] "Chinese And The War Loan," *The Singapore Free Press and Mercantile Advertiser* (Weekly), November 16, 1916.

[15] "Chinese Community and Mr. Beatty," *The Singapore Free Press and Mercantile Advertiser* (Weekly), September 25,

1924.

[16] "Chinese Girls Aided By Homes," *The Straits Times*, July 13, 1939.

[17] "Chinese Marriages," *The Singapore Free Press and Mercantile Advertiser* (Weekly), April 8, 1925.

[18] "Chinese Protectorate," *The Straits Times*, July 26, 1913.

[19] "Chinese Protectorates," *The Singapore Free Press and Mercantile Advertiser* (Weekly), August 18, 1891.

[20] "Children in Opium Shops," *The Straits Times*, February 4, 1909.

[21] "Chinese Topics In Malaya," *The Straits Times*, September 22, 1932.

[22] "Famine in China," *Straits Echo*, January 10, 1907.

[23] "Destitute Chinese," *Malaya Tribune*, May 3, 1921.

[24] "Farewell Tea and Dinner," *Malaya Tribune*, November 25, 1932.

[25] "Girl Chained Up," *Malaya Tribune*, December 29, 1926.

[26] "Government Gazette, December 20, 1889," *Straits Times*, December 24, 1889.

[27] "Happy family of Chinese girls," *The Straits Times*, October 26, 1931.

[28] "He Changed His Mind," *Eastern Daily Mail and Straits Morning Advertiser*, November 22, 1907.

[29] "Help for Young Girls," *The Straits Times*, July 31, 1924.

[30] "Kang Yu Wei In The F. M. S." *Straits Echo*, August 18, 1903.

[31] "Malacca Appointments," *Malaya Tribune*, Decem - ber 4, 1915.

[32] "Mr. G. T. Hare," *The Singapore Free Press and Mer - cantile Advertiser* (Weekly), February 8, 1898.

[33] "Mr. Ho Siak Kuan," *The Singapore Free Press and Mercantile Advertiser* (Weekly), October 30, 1926.

[34] "Mui Tsai," *The Straits Times*, May 12, 1925.

[35] "Opium," *Straits Echo*, March 15, 1907.

[36] "Po Leung Kuk," *Malaya Tribune*, February 11, 1932.

[37] "Police Courts," *Malaya Tribune*, January 11, 1924.

[38] "Presentation to Mr. G. C. Valpy," *Straits Echo*, November 26, 1913.

[39] "Protectorate Sensation," *Malaya Tribune*, December 14, 1926.

[40] "Pudu Temple Affair," *The Straits Times*, November 3, 1909.

[41] "Registration of Chinese Marriages and Adoptions," *Straits Echo*, October 1, 1904.

[42] "Regulations for the Guidance of the Chinese Advisory Board, Singapore," *Straits independent and Penang chronicle*, December 28, 1889.

[43] "Report of the Chinese Protectorate in Penang, 1879," *Singapore Daily Times*, Auguest 10, 1879.

[44] "Retrenchment," *Daily Advertiser*, March 20, 1894.

[45] "School Registration," *Malaya Tribune*, September 10, 1921.

[46] "Spotlight on a Leading Lady of Singapore," *The Straits Times*, December 27, 1947.

[47] "Taiping Triad Case," *Straits Echo*, July 24, 1917.

[48] "The Assizes," *Straits Echo*, March 27, 1918.

[49] "The Chinese Advisory Board," *The Singapore Free Press and Mercantile Advertiser* (Weekly), January 8, 1895.

[50] "The Chinese 'Advisory Board'," *Straits indepen - dent and Penang chronicle*, December 28, 1889.

[51] "The Chinese Protectorate," *The Straits Times*, April 23, 1926.

[52] "The Chinese Protectorate," *The Singapore Free Press and Mercantile Advertiser* (Weekly), July 7, 1898.

[53] "The Chinese Protectorate," *The Singapore Free Press and Mercantile Advertiser* (Weekly), March 30, 1926.

[54] "The Chinese Protectorate," *The Daily Advertiser Singapore*, July 31, 1894.

[55] "The Chinese Protectorate in Perak," *Straits Times Weekly Issue*, August 4, 1891.

[56] "The Colonfs Social Evil," *The Singapore Free Press and Mercantile Advertiser* (Weekly), October 3, 1930.

[57] "The 'Middleman'," *The Singapore Free Press and*

*Mercantile Advertiser* (Weekly), February 27, 1907.

[58] "The Poh Leong Kok," *The Singapore Free Press and Mercantile Advertiser* (Weekly), April 30, 1929.

[59] "The Police Force and The Chinese Protectorate," *Singapore Daily Times*, October 12, 1880.

[60] "The Pom Leung Kuk," *The Singapore Free Press and Mercantile Advertiser* (Weekly), August 21, 1894.

[61] "The Protector of Chinese," *The Straits Times*, Feb-ruary 3, 1932.

[62] "The Secret Societies and Our Advisory Board," *Straits Independent and Penang chronicle*, April 12, 1890.

[63] "The suppression of Secret Society," *Straits Maritime Journal and General News*, September 16, 1896.

[64] "Secret Societies," *The Singapore Free Press and Mercantile Advertiser* (Weekly), June 29, 1897.

[65] "Secret Societies," *Straits Echo*, July 31, 1906.

[66] "Secretary for Chinese Affairs," *The Singapore Free Press and Mercantile Advertiser* (Weekly), November 3, 1926.

[67] "Supreme Court," *The Singapore Free Press and*

*Mercantile Advertiser* (weekly), January 11, 1900.

[68] "Tee Late W. A. Picking, G. M. G." *The Singapore Free Press and Mercantile Advertiser* (Weekly), February 21, 1907.

（四）硕博论文

[1] Chu Tee Seng, "*The Singapore Chinese Protectorate 1900—1941*" (Undergraduates thesis, University of Malaya, 1960).

[2] Eddie Tang, "*British Policy Towards the Chinese in the Straits Settlements: Protection and Control. 1877—1900*" (Australian National University Masters of Arts Thesis, 1970).

[3] Johnna Noel Lash, "*British Perceptions and Inter-ventions: British Malaya and the Rise of Chinese Influence*" (Washington State University Masters of Arts Thesis, 2011).

[4] Liren Zheng, "*Overseas Chinese Nationalism in British Malaya 1894—1941*" (PhD thesis for Cornell University, 1997).

[5] Martin Kenneth Andrew, "*The Singapore Police Force 1918—1938*" (Northern Territory University Masters of Arts

Thesis, 2000).

[6] Wei-an Yang, "*Female Emancipation in a Colonial Context: the Chinese Community in Singapore 1900—1942*" (PhD thesis for The University pf Sheffield, 2014).

## 二、中文文献

(一) 历史资料

[1] 陈翰笙主编《华工出国史料汇编·第一辑·中国官方文书选辑》，中华书局，1984。

[2] 故宫博物院明清档案部、福建师范大学历史系编《清季中外使领年表》，中华书局，1985。

[3] 黄泽苍：《马来亚》，商务印书馆，1931。

[4] 全国政协文史资料委员会编《中华文史资料文库：华侨华人编》，中国文史出版社，1996。

[5] 李钟珏：《新加坡风土记》，1895年长沙使院本。

[6] 梁绍文：《南洋旅行漫记》，中华书局，1924。

[7] 中国第一历史档案馆编《清代中国与东南亚各国关系档案史料汇编（第一册）》，国际文化出版公司，1998。

[8] 蔡鸿生：《蔡鸿生史学文编》，广东人民出版社，2014。

[9] 蔡少卿：《中国近代会党史研究（增订版）》，中国人民大学出版社，2009。

[10] 陈昌豪主编《马来亚史略（上册）》，文化出版社，1959。

[11] 陈春声、陈东有：《杨国桢教授治史五十年纪念文集》，江西教育出版社，2009。

[12] 陈达：《浪迹十年之行旅记闻》，商务印书馆，2013。

[13] 陈嘉庚：《二十世纪名人自述系列：陈嘉庚自述》，安徽文艺出版社，2013。

[14] 陈荆和、陈育崧编《新加坡华文碑铭集录》，香港中文大学出版社，1972。

[15] 范若兰：《性别与移民社会：新马华人妇女研究（1929—1941）》，暨南大学出版社，2019。

[16] 古鸿廷：《东南亚华侨的认同问题：马来亚篇》，中国社会科学出版社，2019。

[17] 郭玉聪：《侨魂——陈嘉庚文学传记》，湖南人民出版社，1985。

[18] 李路曲：《新加坡现代化之路：进程、模式与文化选择》，新华出版社，1996。

[19] 李逢蕊主编《胡文虎研究专辑》，内蒙古教育出版社，

2012。

[20] 李勇：《语言、历史、边界：东南亚华人族群关系的变迁》，社会科学文献出版社，2012。

[21] 林干：《新加坡华侨华人史话》，广东教育出版社，2018。

[22] 林远辉、张应龙：《新加坡马来西亚华侨史》，广东高等教育出版社，1991。

[23] 邱格屏：《世外无桃源：东南亚华人秘密会党》，生活·读书·新知三联书店，2003。

[24] 宋燕鹏：《马来西亚华人史：权威、社群与信仰》，上海交通大学出版社，2015。

[25] 汪鲸：《适彼叻土：历史人类学视野下的新加坡华人族群》，广东人民出版社，2013。

[26] 王彦威纂辑、王亮编、王敦立校《清季外交史料》，书目文献出版社，1987。

[27] 危丁明：《香港孔教》，宗教文化出版社，2016。

[28] 徐杰舜主编《族群与族群文化》，黑龙江人民出版社，2006。

[29] 徐李颖：《佛道与阴阳：新加坡城隍庙与城隍信仰研究》，厦门大学出版社，2010。

[30] 袁任远:《征途纪实》，湖南人民出版社，1985。

[31] 中国社会科学院新闻研究所《新闻研究资料》编辑室编《新闻研究资料》，新华出版社，1981。

[32] 中国农工民主党中央编《纪念彭泽民》，中国文史出版社，1987。

[33] 宗廷虎编选《名家论学：郑子瑜先生受聘复旦大学顾问教授纪念文集》，复旦大学出版社，1988。

[34] 钟兆云、易向农:《父子侨领：庄希泉、庄炎林百年传奇》，山西人民出版社，2013。

[35] 周聿峨:《东南亚华文教育》，暨南大学出版社，1996。

[36] 颜清湟:《新马华人社会史》，栗明鲜等译，中国华侨出版公司，1991。

[37] 杨进发:《陈嘉庚研究文集》，中国友谊出版公司，1988。

[38] 杨进发:《战前星华社会结构与领导层初探》，南洋学会，1977。

[39] 黄贤强:《跨域史学：近代中国与南洋华人研究的新视野》，厦门大学出版社，2008。

[40] 孔飞力:《他者中的华人：中国近现代移民史》，李明欢译，江苏人民出版社，2016。

[41] 崔贵强、古鸿廷编《东南亚华人问题之研究》，人民教育出版社，1978。

[42] 柯木林主编《新加坡华人通史（上下）》，福建人民出版社，2017。

[43] 柯木林、林孝胜：《新华历史与人物研究》，南洋学会，1986。

[44] 康斯坦丝·玛丽·藤布尔：《新加坡史》，欧阳敏译，东方出版中心，2013。

[45] 威尔弗雷德·布莱斯：《马来亚华人秘密会党史》，邱格屏译，中国社会科学出版社，2019。

（二）期刊论文

[1] 曹淑瑶：《马来亚独立前当地华族的民族认同之研究》，《南洋问题研究》2011年第1期。

[2] 高嘉谦：《帝国、斯文、风土：论驻新使节左秉隆、黄遵宪与马华文学》，《台大中文学报》2010年第32期。

[3] 李雯：《身似断云零落——20世纪初期新加坡的妹仔》，《华侨华人历史研究》2011年第1期。

[4] 林慧婷：《暗流汹涌：马来亚社会运动发展（1900—1941）》，《史汇》2006年第10期。

[5] 潘兴明：《二元型殖民地与非殖民化》，《安徽史学》2007年第1期。

[6] 邱格屏：《19世纪南洋华人会党与“猪仔”贸易的关系》，《青海社会科学》1999年第3期。

[7] 宋燕鹏：《20世纪上半叶吉隆坡福建人社群意识的形塑途径》，《元史及民族与边疆研究集刊》2017年第1期。

[8] 徐钧尧：《英国入侵马来亚的历史背景》，《世界历史》1985年第2期。

[9] 赵颖：《19世纪末20世纪初新加坡防疫事务及社会参与研究——基于新加坡华文报刊的考察》，《东南亚纵横》2021年第3期。

[10] 庄国土：《略论东南亚华族的族群认同及其发展趋势》，《厦门大学学报（哲学社会科学版）》2002年第2期。

[11] 陈爱梅：《经济大萧条时期霹雳的社会及矿场华工状况（1929—1933年）》，《马来西亚华人研究学刊》2006年第9期。

[12] 廖文辉：《英殖民时期马新华商的社会服务和贡献》，《马来西亚人文与社会科学学报》2014年第2期。

[13] 张晓威：《甲必丹叶观盛时代的吉隆坡客家帮权政治发展（1889—1902）》，《全球客家研究》2017年第9期。

[14] M. G. 史密斯：《美国的民族集团和民族性——哈佛的观

点》，何宁译，《民族译丛》1987年第6期。

[15] 可儿弘明：《从新大陆转向东南亚的“猪花”》，罗晃潮译，《南洋资料译丛》1984年第3期。

[16] 郑嘉明：《华民政务司署史略》，《南洋学报》1947年第4卷第1辑。

[17] 布莱司、王陆：《马来亚华侨劳工简史》，《南洋问题资料译丛》1957年第2期。

（三）报纸文章

[1]《保护妇女新章》，《叻报》1889年2月21日。

[2]《保良局之鸟瞰》，《星洲日报》1930年10月1日。

[3]《槟屿之风潮》，《叻报》1919年6月27日。

[4]《戴领事是吾侨之贤领袖》，《槟城新报》1919年6月26日。

[5]《地方已庆安宁》，《槟城新报》1919年6月27日。

[6]《辅政司抵屿》，《槟城新报》1919年6月27日。

[7]《公饯定议》，《叻报》1896年10月20日。

[8]《华妇入口报章》，《叻报》1892年1月9日。

[9]《华民政务司开华人参事局会议讨论保护婢女问题》，《南洋商报》1930年1月21日。

[10]《吉隆坡保良局》，《申报》1929年5月17日。

[11]《吉隆坡华民政务司被炸》,《时报》1925年2月26日。

[12]《吉隆坡卫生局决议禁止雇佣女招待》,《叻报》1931年8月8日。

[13]《禁赌新章》,《叻报》1888年4月20日。

[14]《客头作弊》,《叻报》1888年5月11日。

[15]《论本坡议政局详查华佣入口事》,《叻报》1897年4月23日。

[16]《明心女学校宣言书》,《新国民日报》1920年6月26日。

[17]《平章会馆议事纪》,《槟城新报》1919年2月28日。

[18]《同济医院紧要告白》,《叻报》1912年6月20日。

[19]《琼林开放自由花》,《新国民日报》1920年2月14日。

[20]《新加坡参事局会议割辫会事照录》,《叻报》1898年3月11日。

[21]《业经通过三读会之取缔婢女条例》,《叻报》1925年10月28日。

[22]《英皇噎屈第七纪念之捐》,《槟城新报》1911年4月19日。

[23]《照刊领事通知》,《槟城新报》1919年6月25日。

(四)学位论文

[1] 郭峰:《19世纪新加坡治安研究》,硕士学位论文,赣南师

范大学，2018。

[2] 胡亚丽：《海峡殖民地法制与华人社会（1867—1941）》，博士学位论文，中山大学，2014。

[3] 胡庄园：《十九世纪英国殖民新加坡时期的华人自治模式研究》，硕士学位论文，福建师范大学，2020。

[4] 李勇：《新加坡“福建人”研究（1819—1942）》，博士学位论文，厦门大学，2011。

[5] 吕双：《在国家与帮权之间：社会政治空间下怡和轩俱乐部的功能转型》，硕士学位论文，新加坡国立大学，2013。

[6] 宋海群：《19世纪新加坡华人秘密会党研究》，硕士学位论文，赣南师范大学，2017。

[7] 汪鲸：《新加坡华人族群的生活世界与认同体系（1819—1912）》，博士学位论文，暨南大学，2011。

[8] 吴靖：《海峡华人的政治参与与多重身份认同：陈若锦个案研究（1887—1917）》，硕士学位论文，华侨大学，2015。

[9] 吴龙云：《平章会馆与中华总商会及槟城华人社会：廿世纪初期的帮群、领袖及其互动》，博士学位论文，新加坡国立大学，2006。

[10] 肖丹：《晚清香港保良局和新加坡保良局研究——以妇孺

救助为基础》，硕士学位论文，暨南大学，2018。

[11] 余汶慧：《战前的槟城华团研究——以槟城嘉应会馆会议记录为依据（1921 年—1937 年）》，硕士学位论文，拉曼大学，2020。

[12] 张坚：《东南亚华侨民族主义发展研究（1912—1928）》，博士学位论文，厦门大学，2002。

[13] 甘德政：《中英（英中）关系与马来亚华人的身份认同》，博士学位论文，复旦大学，2013。